과학적이고 기기묘묘한 소화의 세계

과학적이고 기기묘묘한
소화의 세계

음식은 어떻게
연료와 똥으로 바뀔까?

제니퍼 가디 글 벨 우스릭 그림 이층호 옮김

다림

초판 1쇄 발행 2024년 1월 8일

글 제니퍼 가디 | 그림 벨 우스릭 | 옮김 이충호
편집장 천미진 | 편집책임 김현희 | 편집 최지우
디자인책임 최윤정 | 마케팅 한소정 | 경영지원 한지영

펴낸이 한혁수 | 펴낸곳 도서출판 다림 | 등록 1997. 8. 1. 제1-2209호
주소 07228 서울시 영등포구 영신로 220 KnK 디지털타워 1102호
전화 02-538-2913 | 팩스 070-4275-1693 | 전자 우편 darimbooks@hanmail.net
블로그 blog.naver.com/darimbooks | 다림 카페 cafe.naver.com/darimbooks

ISBN 978-89-6177-322-5(73470)

IT TAKES GUTS: HOW YOUR BODY TURNS FOOD INTO FUEL(AND POOP)

Text copyright © Dr. Jennifer Gardy, 2021
Illustrations copyright © Belle Wuthrich, 2021

First Published by Greystone Books Ltd. 343 Railway Street, Suite 302,
Vancouver, B.C. V6A 1A4, Canada
All rights reserved.

Korean translation rights © Darim Publishing Co., 2024
This edition is published by arrangement with Greystone Books Ltd.,Canada
through The ChoiceMaker Korea Co., Seoul.

이 책의 한국어판 저작권은 초이스메이커 코리아를 통해 Greystone Books Ltd.와 독점 계약한 도서출판 다림에 있습니다.
저작권법에 의해 한국 내에서 보호를 받는 저작물이므로 어떠한 형태로든 무단 전재와 무단 복제를 금합니다.

제품명: 과학적이고 기기묘묘한 소화의 세계	제조자명: 도서출판 다림	제조국명: 대한민국

전화번호: 02-538-2913 | 주소: 서울시 영등포구 영신로 220 KnK 디지털타워 1102호
제조년월: 2024년 1월 8일 | 사용연령: 10세 이상

※KC마크는 이 제품이 공통안전기준에 적합하였음을 의미합니다.

⚠ 주 의
아이들이 모서리에 다치지
않게 주의하세요.

똥에 관한 나의 모든 지식은
제프 덕분에 얻은 것이다.
—제니퍼 가디

내게 건강한 미생물과 그림에 대한 사랑을
물려준 어머니께 이 책을 바친다.
—벨 우스릭

차례

	시작하며		9
1장	소화가 시작되는 곳	**입**	13
2장	음식물이 지나가는 관	**식도**	31
3장	놀라운 효소, 산, 점액	**위**	41

4장	내려갔던 것이 도로 올라올 때	**구토와 트림**	57
5장	소화의 종착지	**작은창자**	69
6장	창자 속 부지런한 일꾼	**미생물총**	93
7장	꿈틀 운동과 똥	**큰창자**	111
	마치며		133
	용어 설명		134
	찾아보기		138

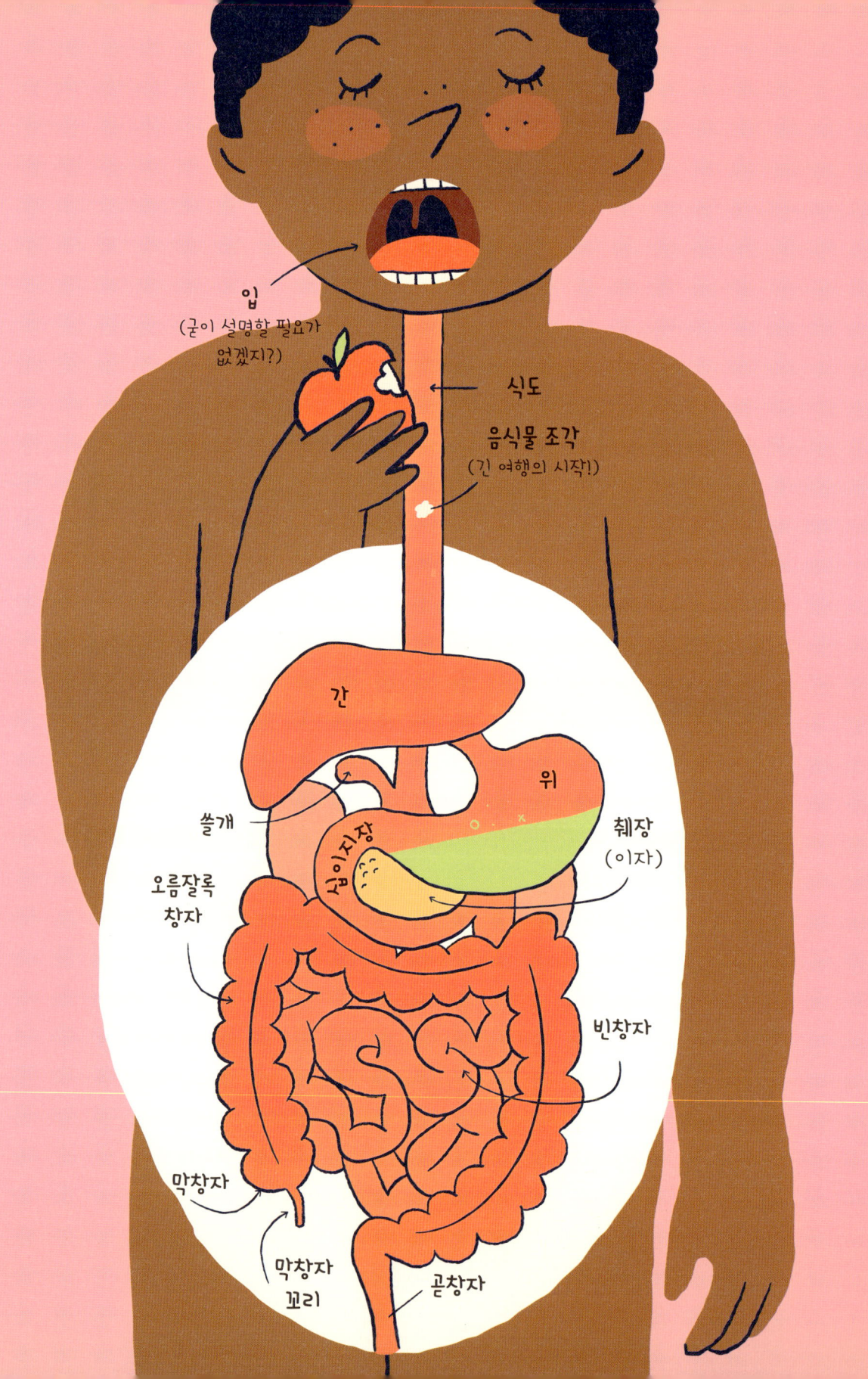

시작하며

놀라운 소화의 세계

누구나 음식을 먹고 똥을 싸지. 당연한 거 아니냐고? 입으로 들어간 음식물이 똥이 되어 나오기까지 거의 마술 같은 일이 일어나고 있어. 이 일은 우리 몸의 소화 기관이 맡아서 처리하는데, 여러 가지 소화 기관이 놀라운 재주를 부리지. 매일 우리는 음식물을 소화시켜 연료로 바꾸고, 거기서 생긴 노폐물을 깔끔하게 처리해서 배출까지 해. 우리가 매일 만들어 내는 똥이 약 0.5킬로그램이나 된다는 사실을 알고 있니?

이 정교한 소화계는 우리가 자궁 속에 있을 때 맨 먼저 발달하는 장기 중 하나야. 수정란이 첫 번째 세포 분열을 시작하는 시기부터 8주까지의 기간을 배아라고 해. 이때 생겨난 배아가 16일쯤 되었을 때, 한 세포층으로부터 단순한 관이 만들어져. 배아가 자라면서 그 관도 점점 더 복잡해지지. 8주가 지나면, 크기는 작지만 소화계의 모든 기관이 갖춰져. 태어날 무렵에는 이 모든 기관이 거의 완전히 발달하지. 심지어 첫 번째 똥까지 만들 정도로 말이야!

　태어난 아기가 성장하면서 소화 기관도 따라서 함께 자라. 그 길이는 무려 약 7미터에 이르러. 아파트 2층 높이만 한 길이지! 우리가 살아가는 매일 매 순간, 소화 기관은 우리가 먹고 마시는 모든 것을 소화하고 처리해. 입으로 들어간 음식물은 많은 소화 기관들을 지나가면서 잘게 분해돼. 소화 기관은 이 과정을 통해 음식 속의 영양분과 우리 몸에 유익한 물질을 흡수하지. 그리고 남은 찌꺼기는 똥이 되어 반대쪽 끝으로 나와.

　과학자들은 소화 기관이 어떻게 그토록 많은 일을 할 수 있는지 연구하면서 계속 새로운 사실을 발견하고 있어. 소화 기관은 사실상 뇌의 일부야. 그래서 언제 배가 고픈지, 또 언제 배부른지 우리에게 신호를 보내. 소화 기관은 우리의 기분에도 영향을 미쳐. 단지 어떤 음식을 먹는 것만으로 기분이 확 바뀔 수가 있어.

　소화 기관은 위험한 병균으로부터 우리 몸을 지키는 면역계의 일부이기도 해. 또한 무수히 많은 세균이 자리를 잡고 사는 곳이지. 이 세균들은 대개 우리와 완벽한 조화를 이루며 살아가고 있어. 세균은 일부 소화 과정을 도와줄 뿐만 아니라, 우리의 건강을 유지하는 데에도 중요한 역할을 해. 아기가 태어나서 처음 눈 똥에 들어 있는 세균을 조사하면, 아이가 크면서 생길 수 있는 알레르기나 천식 등의 질병을 미리 확인할 수 있어!

    과학자인 나는 몸속에서 일어나는 일에 항상 큰 호기심을 느껴. 그래서 소화계가 어떻게 작용하는지 이해하려고 괴상한 짓도 마다하지 않았어. 예컨대 위와 창자 안을 살펴보기 위해 초소형 카메라를 집어삼켰고, 몸속에 살고 있는 수많은 세균을 보려고 내 똥을 현미경으로 관찰하기까지 했어. 내 몸이 특정 음식물에 보통 사람과 다르게 반응하는 이유를 알아내기 위해 DNA 검사도 받았어. 내가 먹는 것이 나의 기분부터 똥 냄새에 이르기까지 어떤 영향을 미치는지 알아보기 위해 식단을 바꿔 보기도 했지! 그러면서 많은 것을 알아냈지만, 아직도 풀지 못한 궁금증들이 아주아주 많아.

    그럼 이제부터 흥미진진한 몸속 여행을 통해 과학적이고 기기묘묘한 소화의 세계로 떠나 볼까?

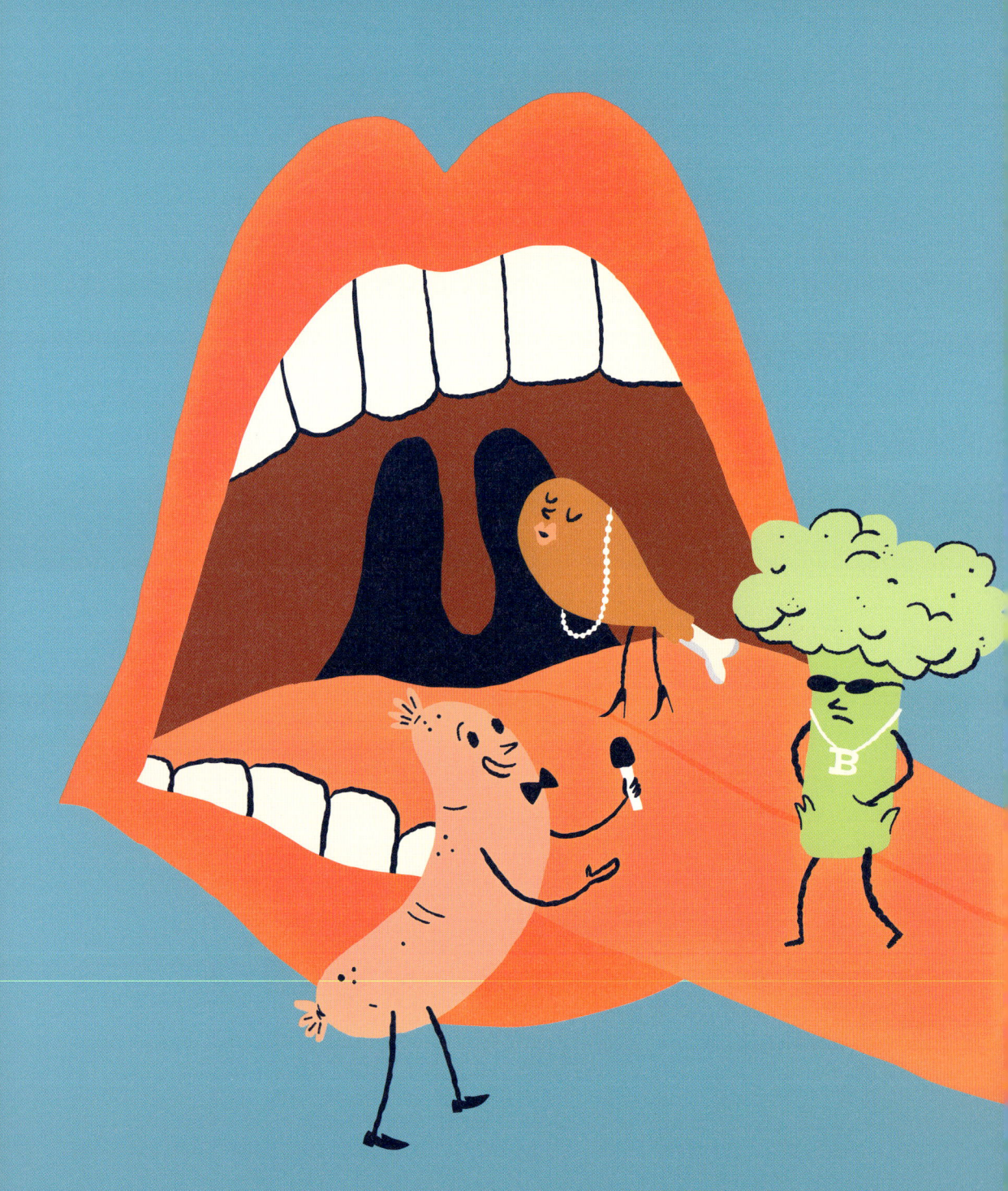

1장

소화가 시작되는 곳

— 입 —

거울 앞에 서서 입을 크게 벌려 봐. 뭐가 보이니? 입술? 볼 안쪽? 혀? 이? 입 안에 있는 이 모든 것들이 음식물을 다음 소화 기관으로 보내는 데 중요한 역할을 하지. 하지만 눈에 보이는 게 다가 아니야. 우리 눈에 보이지는 않지만 아주 막중한 임무를 수행하고 있는 녀석들이 있거든.

입속을 보호하고 음식물을 분해하는 침

한 예로 침이 있어. 우리는 매일 침을 약 1.5리터나 만들어! 침의 정체는 무엇일까? 99.5퍼센트는 물이지만, 다음과 같은 성분도 들어 있어.

- **과산화 수소** 상처 소독약으로 흔히 쓰이는 과산화 수소는 나쁜 세균을 죽이는 일을 해.

- **성장 인자** 성장 인자는 성장을 빠르게 진행시키는 물질을 통틀어 이르는 말이야. 침에 들어 있는 성장 인자는 입속에 작은 상처가 생겼을 때 그것을 치료하는 일을 도와.

- **진통제 효과가 있는 분자** 침에는 진통제 역할을 하는 분자도 있어. 이 분자는 의사가 처방하는 일반 진통제보다 효과가 여섯 배나 강해. 과학자들은 의약품의 도움을 받을 수 없었던 우리의 조상들이 통증을 느낄 때, 이 분자들이 아픔을 견디는 데 도움을 주었을 것이라고 생각해.

- **오줌의 주요 성분인 요소** 요소는 산성과 반대되는 성질인 염기성을 띠고 있어. 그래서 요소는 침의 산성도가 높아지지 않도록 막아 주지. 산성이 강하면 치아 건강에 좋지 않거든.

- **음식물을 분해하는 효소** 이 분자들은 음식물을 더 작게 분해해 소화를 도와.

침은 어디서 올까?

맛있는 것을 보고서 군침이 돈 경험이 있다면, 침이 순식간에 나온다는 사실을 알고 있을 거야. 그런데 침은 어디서 올까? 놀라지 마! 침은 바로 혈액에서 와! 침은 입속에 있는 수백 개의 침샘에서 만들어지는데, 이 작은 침샘 공장들은 혈관과 연결돼 있어. 대부분 물로 이루어진 혈액이 침샘에 도착하면, 특별한 세포들이 일종의 여과 장치처럼 작용하면서 적혈구처럼 덩치가 큰 물질을 걸러 내. 적혈구는 붉은색 혈액 세포야. 그래서 침은 혈액과 달리 색이 없어. 이렇게 여과 장치를 통과한 물과 분자들이 침샘에 모여 침으로 만들어진 뒤에 입속으로 가지.

음식물 소화에 도움을 주는 효소들은 소화관에서도 주로 더 아래쪽에 있는 소화관들에서 나오지만, 소화의 첫 번째 단계인 입속에서도 활약을 해. 침에는 화학 반응을 촉진하는 효소가 많이 포함돼 있는데, 효소의 종류에 따라 분해하는 음식물 성분이 제각각 달라. 만약 유제품이나 견과, 달걀같이 지방이 섞인 음식을 먹는다면, 지질 분해 효소인 리페이스가 지방을 더 작은 분자들로 분해해 소화 기관이 쉽게 흡수할 수 있도록 하지. 빵이나 감자튀김처럼 녹말을 많이 포함한 음식물을 먹는다면, 아밀레이스라는 효소가 나서서 분해를 도와.

더 놀라운 효소들은 나중에 따로 만날 테니, 여기서는 입속에 있는 그 밖의 것들을 더 살펴보기로 하자. 눈에 보이지는 않지만, 이것들이 없으면 우리는 제대로 살아갈 수 없어.

세균 친구들

입속에는 많은 세균이 살고 있어. 그 종류만 무려 500종 이상이라고 해. 개중에는 입냄새나 충치와 잇몸 질환의 원인이 되어 문제를 일으키는 세균도 있지만, 대부분은 우리에게 큰 도움을 줘.

과학자들은 세균이 정확히 무엇인지 밝혀지기 전부터 입속에 세균이 있다는 사실을 알고 있었어! 17세기에 네덜란드의 과학자 안톤 판 레이우엔훅은 손수 렌즈를 갈아 배율이 수백 배나 되는 현미경을 만들었지. 그리고 자신의 치아에서 긁어낸 치석을 현미경으로 보았더니, 아주 작은 미생물이 바글거리고 있지 뭐야! 레이우엔훅은 이 미생물을 라틴어로 '작은 동물'이란 뜻의 '아니말쿨레스'라고 불렀는데, 훗날 그 정체는 세균으로 밝혀졌어.

입냄새는 왜 나는 걸까?

구취, 즉 입냄새는 아주 흔해. 사실 대다수 사람들은 아침에 일어나면 입속에서 불쾌한 냄새를 경험하는데, 그 원인은 바로 세균에 있어. 일부 입냄새는 마늘과 같은 음식물이 원인이지만, 대부분은 음식물을 분해해 먹고 사는 세균 때문에 나는 거야. 과학자들은 복잡한 장비를 사용해 나쁜 냄새들을 확인할 수 있어. 그런데 더 간단하고 아주 특이한 방법을 쓰기도 해. 입냄새를 코로 맡아서 확인하는 직업이 있어! 이 사람들은 아주 예민한 코를 가지고 있는데, 극도로 발달한 후각을 사용해 나쁜 입냄새를 가려내고 등급을 매기지. 예를 들면, 구강 청결제를 만드는 회사들은 냄새 감식가들을 고용해 제품의 성능을 판단해.

세균은 어떤 일을 할까?

입속에서 좋은 세균들이 하는 일은 대부분 아주 단순해. 바로 나쁜 세균들을 몰아내는 거야. 하지만 꼭 그 일만 하는 건 아니야. 소화를 돕기도 하지. 우리 몸이 음식물을 분해하는 효소를 만드는 것처럼 세균도 효소를 만들어. 어떤 세균이 만드는 효소는 우리 몸이 스스로 소화하지 못하는 녹말을 분해해 주기도 해.

과학자들은 입속의 세균이 우리 몸의 일산화 질소 농도를 높인다는 사실도 알아냈어. 일산화 질소는 혈액이 잘 흐르도록 도와주는 물질이야. 침은 원래 혈액이야. 혈관을 도는 혈액 속에는 일산화 질소의 재료가 되는 것들도 섞여서 돌아다니고 있어. 이 재료들이 침이 되어 입속으로 들어오면 입속 세균들은 이 물질들과 우리가 먹은 음식물을 화학적으로 바꾸어 일산화 질소를 만들어. 이렇게 바뀐 일산화 질소는 소화관을 통해 다시 혈관으로 흡수되지.

씹기와 깨물근

우리 몸에서 가장 강한 근육이 무엇인지 아니? 무거운 물체를 들어 올릴 때 힘을 내는 위팔 두 갈래근(상완 이두근)*일까? 하루에 10만 번 이상 뛰면서 혈액을 몸 구석구석으로 보내는 심장 근육일까? 그것도 아니면, 앉거나 일어나거나 걸을 때 몸을 움직이게 하는 큰볼기근**일까? 모두 틀렸어! 다시 잘 생각해 봐.

우리 몸에서 가장 강한 근육은 아래턱과 광대뼈를 연결하는 근육이야. 이 근육을 깨물근이라고 불러. 양손을 뺨에 갖다 대고 입을 다문 뒤, 이를 꽉 악물었다가 벌리기를 반복해 봐. 이때 움직임이 느껴지는 근육이 바로 깨물근이야. 깨물근은 위아래 이 사이에 약 90킬로그램의 압력을 줄 수 있어. 하지만 음식물을 씹을 땐 강한 힘뿐만 아니라 그 힘을 조절할 수 있는 능력도 필요해. 음식물을 적당한 크기로 부수다 보면 깨물근에 급하게 브레이크를 걸어야 할 때가 있어. 이때 힘을 조절하지 못하면 위아래 이들이 강하게 충돌해 손상되고 말 거야. 우리 몸에서 턱 근육만큼 재빠르고 정확하게 동작을 멈출 수 있는 근육은 찾기 힘들어!

이 근육들을 조절하는 신경들도 중요한 역할을 해. 신경은 입속에서 음식물이 있는 위치를 파악하는 데 도움을 주지. 게다가 신경은 아주 민감해서 모래알보다 작은 입자의 위치도 정확하게 알아낼 수 있어. 또, 말랑말랑한 마시멜로와 단단한 견과를 포함해 다양한 음식물을 부술 때 얼마나 힘을 주어야 할지 판단하는 데에도 도움을 주지.

* 위팔 두 갈래근(상완 이두근): 위팔의 앞쪽 면에 있는 두 갈래 근육.
** 큰볼기근: 엉덩이 부분에 있는 커다란 근육.

아주 단단한 치아

치아, 즉 이에도 아주 놀라운 특성이 있어. 우리 몸에서 가장 단단한 물질은 바로 치아의 사기질*이야. 뼈보다도 더 단단해. 그래서 씹을 때 작용하는 엄청난 압력을 치아가 견뎌 낼 수 있어. 치아는 네 종류가 있는데, 서로 긴밀히 협력해 음식물을 찢고 자르고 갈아서 소화하기에 좋은 형태로 만들지. 제일 앞쪽에 위치한 앞니는 음식물을 작은 조각들로 자르고, 송곳처럼 뾰족하게 생긴 송곳니는 음식물을 붙잡아 갈기갈기 찢는 일을 해. 입 뒤쪽에 위치한 작은어금니와 큰어금니는 표면이 평평해 음식물을 부수고 잘게 가는 데 적합하지.

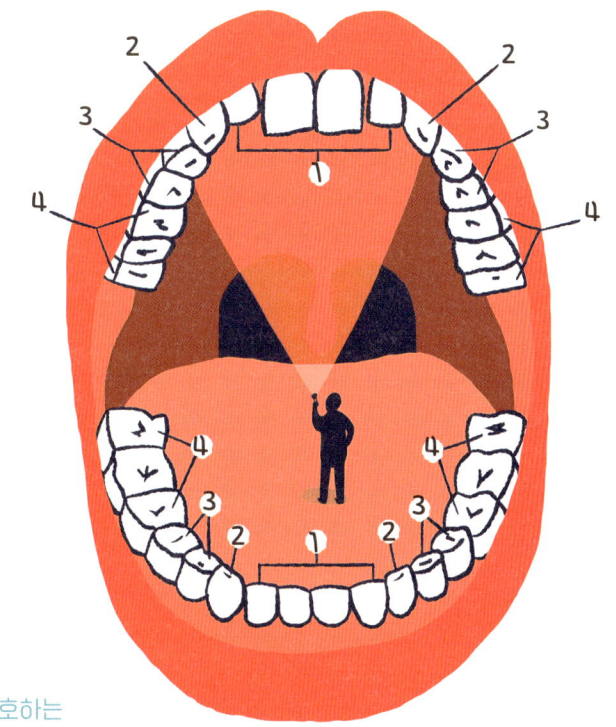

1. 앞니
2. 송곳니
3. 작은어금니
4. 큰어금니

* 사기질: 이의 표면을 덮어 이를 보호하는 단단한 물질.

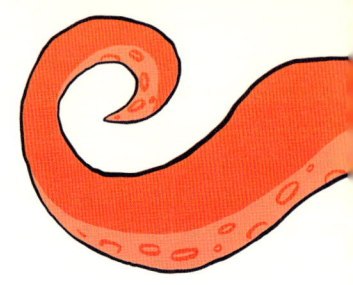

유연한 혀

앞서 우리는 입속에 우리 몸에서 가장 강한 근육과 가장 단단한 물질이 있다는 사실을 배웠어. 그런데 이게 다가 아니야! 우리 몸에서 가장 유연한 근육도 이곳에 있는데, 바로 혀야. 혀는 실제로는 종류가 다른 8개의 근육으로 이루어져 있고, 문어의 다리나 코끼리의 코와 비슷하게 움직여. 그래서 혀를 구부리고 비틀 수 있을 뿐만 아니라, 모든 방향으로 길게 내뻗었다가 짧게 수축시킬 수도 있어. 또한, 목에서 나오는 소리를 아주 다양한 방식으로 변화시켜 여러 소리를 낼 수 있게 해 주지.

혀 표면에는 수만 개의 작은 돌기가 있는데, 각각의 돌기는 다시 눈에 보이지 않을 정도로 작은 수천 개의 돌기로 뒤덮여 있어. 이것을 맛봉오리라고 부르는데, 각각의 맛봉오리에는 전문적으로 맛을 느끼는 미각 수용기 세포가 있어. 침 속의 효소들이 음식물을 분해하기 시작할 때, 각 종류의 미각 수용기들이 제각각 다른 화학 물질을 감지하기 때문에 우리가 단맛, 짠맛, 쓴맛, 신맛 등을 느낄 수 있는 거야. 이렇게 혀로 느낀 맛이 음식물의 냄새, 질감 같은 요소들과 결합해 음식물의 완전한 맛을 느낄 수 있어. 그런데 매운맛은 미각보다 통각에 가까워. 매운맛은 입에서 뇌로 연결된 특별한 신경을 통해 감지되는 감각이야. 우리 뇌가 이 신호를 얼얼하고 매운 감각으로 분석하는 거지. 맛봉오리를 통해 느끼는 미각은 아니지만 이 또한 우리가 느끼는 맛에 큰 영향을 미쳐.

절대 미각의 비밀

같은 음식이라도 사람마다 맛을 다르게 느낄 수 있어. 개중에는 보통 사람들보다 맛봉오리가 훨씬 많아 미각이 아주 뛰어난 사람이 있어. 혹시 여러분도 그런 절대 미각을 가지고 있는 건 아닐까? 간단한 실험을 통해 내가 절대 미각을 가졌는지 확인해 보자. 준비물은 확대경, 친구 한 명, 파란색 식용 색소 약간만 있으면 돼.

먼저 혀 위에 파란색 식용 색소를 한 방울 떨어뜨린 뒤, 물을 한 모금 머금고 입 속에 색소를 골고루 퍼지게 해. 그러면 혀 전체가 파란색으로 변하고, 여기저기 돌기 부분만 옅은 파란색 또는 분홍색을 띨 거야. 젖꼭지 모양으로 생긴 이 돌기 부분을 혀 유두라고 불러.

그다음에는 종이에 펀치로 구멍을 하나 뚫은 뒤, 그 종이를 혀 위에다 올려놓아. 그리고 친구에게 확대경으로 보면서 구멍에 들어 있는 혀 유두의 수를 세라고 해. 같은 방법으로 혀의 여러 군데를 관찰하고 결과를 기록해 봐. 보통 사람은 구멍 하나에 15~30개의 혀 유두가 분포해 있어. 만약 그 수가 30개가 넘는다면, 절대 미각을 가졌다고 말할 수 있어.

삼키기

우리는 음식을 먹을 때, 음식물을 삼켜야 할 타이밍을 일일이 생각하지 않아. 뇌가 음식물이 삼켜도 될 만큼 충분히 작아졌다는 판단을 내리면, 나도 모르게 음식물을 삼키지. 이 일이 정확하게 어떤 과정을 거쳐 일어나는지는 제대로 밝혀지지 않았어. 뇌가 근육의 움직임, 음식물의 크기와 질감, 음식물의 건조한 정도 등을 종합해서 음식물을 삼켜도 안전하다고 판단하는 것으로 보여. 우리가 아주 어릴 때부터 시행착오를 겪고 많은 연습을 거치면서 터득한 결과야. 보통 사람은 하루에 2000번이 넘게 뭔가를 삼키거든!

뇌가 "지금 삼켜!"라는 신호를 입으로 보내면, 우리는 혀를 입천장에 갖다 대. 이 행동은 음식물을 입 뒤쪽으로 보내는 데 도움이 되는데, 그것 말고도 중요한 목적이 있어. 재채기를 하다가 면 가닥이 코로 나온 경험은 누구나 있을 거야. 이런 일이 일어나는 이유는 코와 입 둘 다 동일한 목적지인 목구멍, 즉 인두로 연결되기 때문이야. 보통은 입천장 바로 뒤쪽에 위치한 작은 조직이 교통경찰과 같은 역할을 하면서 이 통로를 관리해. 이 조직을 물렁입천장 혹은 연구개라고 불러. 뭔가를 삼키려고 하면, 물렁입천장이 닫히면서 코로 통하는 통로를 막아. 이 덕분에 우리는 숨을 쉬고 음식물을 삼킬 수 있지만, 두 가지 일을 동시에 하지는 못해. 그런데 가끔 일이 계획대로 되지 않을 때가 있어. 식도를 통해 위로 가야 하는 면발이 물렁입천장 뒤쪽으로 빨려 들어가는 일이 일어날 수 있거든. 그랬다가 재채기를 할 때 면발이 코로 튀어나오게 되는 거지.

물렁입천장 바로 뒤에서 목을 이루는 관이 둘로 갈라지는데, 하나는

공기가 폐로 들어가는 기관이고, 또 하나는 음식물이 위로 가는 식도야. 후두 어귀를 뚜껑처럼 덮고 있는 후두덮개는 열차의 선로를 바꾸는 선로 변환기처럼 음식물이 적절한 통로로 가도록 안내해. 후두덮개는 기관 입구를 덮어 막음으로써 우리가 삼킨 음식물을 위로 보내지. 하지만 음식물이 공중에서 물체가 떨어지듯이 위로 곧장 떨어지는 것은 아니야. 음식물 전용 통로인 식도를 한참 지나가야 위에 도착할 수 있어.

음식물이 엉뚱한 관으로 들어갔을 때

음식물이나 음료가 엉뚱한 관으로 들어간 경험은 누구나 있을 거야. 대개는 음식물보다 음료를 마실 때 그런 사고가 더 자주 일어나지. 액체는 고체보다 움직임이 빠르고 쉽게 길을 벗어나기 때문에 통제하기가 어렵거든. 뭔가를 막 삼키는 순간에 다른 것에 정신이 팔렸거나 깜짝 놀라면 이런 일이 일어날 수 있어. 음식물이 기관으로 들어가 격한 기침이 나오는 현상을 흡인이라고 해. 흔히 사레에 걸렸다고 이야기하지. 별 대단한 일이 아니라고 가볍게 생각할 수 있지만, 결코 웃어넘길 일이 아니야.

대개는 기침 반사가 일어나면서 음식물을 기관에서 밀어내 올바른 길로 돌려보내. 그러면 음식물은 기관에서 나와서 식도로 넘어가거나 기침과 함께 입 밖으로 튀어 나가지. 그래서 기관으로 들어간 음식물이 항상 기침을 통해 입 밖으로 나오는 건 아니야. 기관에서 나와 유턴을 하며 식도로 넘어갈 수 있거든. 이물질을 기관에서 제거하지 못하면 큰 문제가 생길 수 있어. 크기가 크면 기관을 가로막아 질식이 일어나기도 해. 음식물이 폐로 들어가면 세균 감염을 일으킬 수 있는데, 그러면 폐렴이 생겨 꽤 심각한 치료를 받아야 할 수도 있어.

우리 몸의 두 번째 뇌, 창자 신경계

다음번에 음식물을 삼킬 때, 삼키는 순간에 집중해 봐. 음식물을 삼킬 때에는 그 밖에 어떤 일도 일어나지 않는다는 걸 알아챘니? 씹지도 않고, 기침이나 재채기도 하지 않고, 심지어 숨도 쉬지 않아!

삼키는 것은 많은 근육의 도움이 필요한 복잡한 과정이어서 딴 데 한눈을 팔아서는 안 돼. 그런데 우리는 평소에 뭔가를 삼킬 때 전혀 집중하지 않고도 그 일을 거뜬히 해내지. 왜 그럴까? 바로 소화계에 자체 신경계가 있기 때문이야. 이것을 창자 신경계라고 불러. 창자 신경계는 아주 정교해서 일부 과학자는 '두 번째 뇌'라고 부르기까지 하지. 우리 몸의 나머지 부분들은 뇌나 척수에서 오는 신호를 받아야 제 기능을 할 수 있지만, 소화 기관은 창자 신경계에서 내리는 신호만으로도 얼마든지 제 기능을 할 수 있어!

아이스크림 두통

몹시 무더운 날엔 맛있는 아이스크림이 간절하지. 그런데 첫 숟가락이 입천장에 닿는 순간, 시원하고 달콤한 맛을 느끼기도 전에 머리가 깨질 듯이 지끈거릴 때가 있어. 마치 머리에 두른 띠를 꽉 조이는 느낌이야. 이럴 땐 몸을 비틀고 신음을 내뱉으면서 끔찍한 두통이 얼른 지나가길 기다리는 수밖에 없어. 도대체 내 머리 속에서 무슨 일이 일어난 걸까?

아이스크림 두통은 아이스크림처럼 아주 차가운 물질이 입천장이나 목 뒤쪽에 닿을 때 일어나. 이곳들은 평소엔 아주 따뜻해서 온도가 갑자기 크게 내려가면, 얼굴에 분포한 감각 신경인 삼차 신경이 긴급 사태 경보를 울려. "지금 여기에 이상한 것이 들어왔어!" 그러면 머리 주변의 혈관이 급격히 수축했다가 다시 팽창하는데, 이 급작스러운 변화 때문에 두통이 생기는 거야.

그렇다면 맛있는 아이스크림을 포기하지 않으면서 아이스크림 두통을 피하려면 어떻게 해야 할까? 아이스크림처럼 찬 것을 먹을 때에는 되도록 입 바닥 쪽에 닿게 하면서 먹어 봐. 입천장에 모여 있는 온도에 민감한 신경을 자극하지 않도록 말이야. 그리고 갑자기 아이스크림 두통이 생긴다면, 얼른 혀를 입천장에 갖다 대는 게 좋아. 그러면 입천장이 따뜻해지면서 금방 모든 것이 정상으로 돌아올 거야.

1장 핵심 정리

- 소화는 음식물을 입에 넣는 순간부터 일어난다.

- **침**에는 **효소**가 들어 있다. 효소는 음식물이 다른 소화 기관으로 이동하기 전에 음식물을 소화하기 쉽도록 잘게 분해하는 일을 한다. 효소는 종류에 따라 각자 분해하는 물질이 다르다.

- 침에는 소화를 돕는 유익한 **세균**이 들어 있다.

- **물렁입천장**과 **후두덮개**는 각각 코와 기관으로 가는 통로를 뚜껑처럼 막아 음식물이 코나 기관으로 가지 않고 식도로 내려가게 한다.

- 소화 기관은 **창자 신경계**라는 독자적인 신경계가 있다. 그 덕분에 우리는 먹는 행동에 집중하지 않아도 자동적으로 음식물을 먹고 삼킬 수 있다.

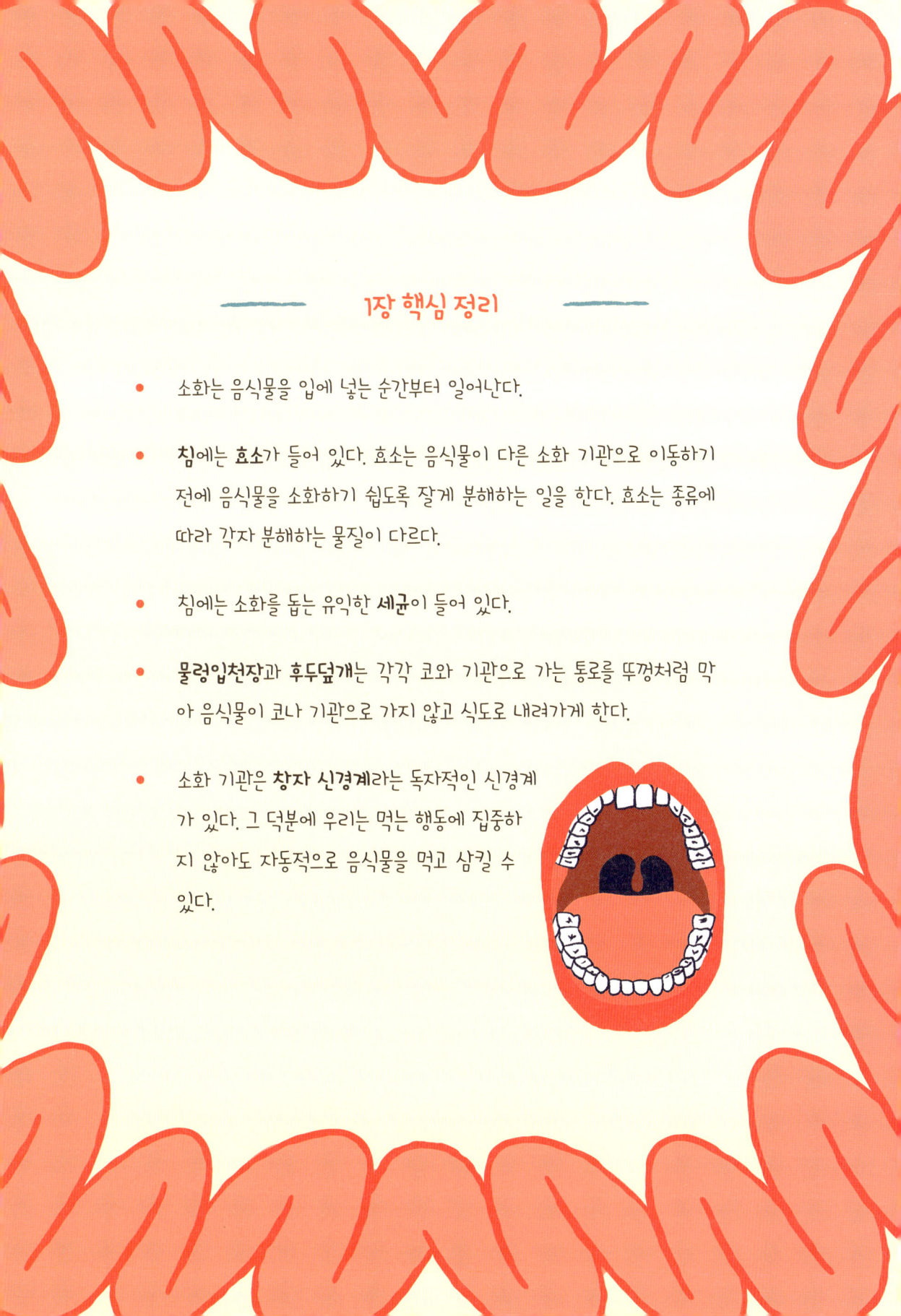

2장

음식물이 지나가는 관

— 식도 —

　소화계와 지렁이의 비슷한 점은 무엇일까? 갑자기 무슨 소리냐고? 우리의 소화계와 지렁이는 놀랍도록 비슷해. 그중에서도 특히 눈길을 끄는 공통점은 꿈틀 운동(연동 운동)이야.

　꿈틀 운동은 기다란 관 모양의 근육이 조금씩 연속적으로 수축과 이완을 하는 현상이야. 경기장에서 관중들이 파도타기 응원을 하는 모습과 비슷해. 지렁이는 꿈틀 운동을 사용해 기어다니고, 우리의 소화 기관은 꿈틀 운동을 사용해 음식물을 이동시키지.

꿈틀 운동으로 음식물을 밀어 보내는 방법

　입속에서 씹혀 곤죽처럼 변한 음식물과 침은 식도를 따라 천천히 내려가. 식도는 길이가 25센티미터쯤 돼. 음식물은 이 통로를 따라 느리지만 착실하게 위를 향해 내려가. 1초에 3~5센티미터씩 이동하지. 빠른 속도는 아니어서 때로는 삼킨 음식물이 위까지 내려가는 움직임을 느낄 수도 있어. 만약 도중에 음식물이 걸려서 움직이지 않는다면, 창자 신경계가 그걸 감지해 두 번째 꿈틀 운동을 하도록 명령하여 음식물을 아래로 계속 내려가게 해.

꿈틀 운동에는 아주 강한 힘이 작용해. 우리가 음식물을 삼킬 때 순전히 중력만으로 음식물이 아래로 내려간다면, 물구나무를 서거나 누워서 음식물을 삼키지 못할 테고, 우주 비행사는 무중력 상태에서 아무것도 먹지 못할 거야. 물론 중력도 분명히 도움이 돼. 그래서 똑바로 서거나 앉은 자세에서 음식물을 삼키기가 훨씬 쉽지. 하지만 꿈틀 운동은 중력과 상관없이 일어나는 근육 운동이야. 마법 같은 근육 수축을 통해 음식물을 한쪽 방향으로 밀어 보내. 그래서 우리는 어떤 자세로 있건 음식물을 넘길 수 있지.

그렇긴 하지만, 식도가 아주 강한 근육은 아니야. 소화 기관을 이해하기 위해 과학자들이 특이한 실험을 한 적이 있어. 끈의 한쪽 끝에는 음식물을 매달고 반대쪽 끝에는 작은 추를 매달았어. 그리고 자원자들에게 음식물을 삼키게 했지. 입 바깥쪽에 매달린 추는 음식물이 내려가지 못하게 하는 힘으로 작용했어. 실험 결과, 꿈틀 운동의 힘을 거스르는 데에는 그렇게 큰 무게가 필요하지 않았어. 10그램, 거의 연필과 비슷한 무게 정도의 추만으로도 음식물이 식도를 따라 내려가지 못하게 할 수 있었지.

소화 기관의 문지기 조임근의 역할

식도의 주요 임무는 음식물을 위까지 내려보내는 것이지만, 중요한 임무가 한 가지 더 있어. 바로 음식물이 거꾸로 올라오지 못하게 하는 거야! 물론 이 임무를 항상 완벽하게 해내는 건 아니야. 그 이야기는 나중에 자세히 할게. 어쨌든 우리가 먹은 음식이 한 방향으로만 이동하는 것은 특별한 근육 덕분이야.

조임근은 신체 기관의 입구 또는 출구에 있는 고리 모양의 근육이야. 꽉 조였다 느슨하게 풀었다 하는 근육 운동을 하면서 에워싸고 있는 관을 여닫지. 전체 소화 기관을 따라 모두 6개의 조임근이 늘어서 있어. 우리가 가장 고마워해야 할 조임근은 우리가 변기에 앉을 때까지 똥을 잘 간수하는 항문 조임근이지만, 나머지 것들도 과소평가해서는 안 돼!

소화 기관에서 첫 번째 조임근과 두 번째 조임근은 식도가 시작되는 부분과 끝나는 부분에 있어. 상부 식도 조임근은 우리가 음식물을 삼킬 때 열렸다가 닫히면서 음식물을 식도로 내려보내지. 하부 식도 조임근은 음식물이 위로 들어가는 입구이자 위에 든 내용물이 식도 쪽으로 올라오지 못하게 하는 문지기 역할을 해. 혹시 누군가에게서 가슴 쓰림 증상이 있다는 말을 들어 본 적 없니? 사실 이건 심장하고는 아무 관계가 없는 증상이야. 대신에 식도에서 일어나는 일과 관계가 있어. 위산이 조임근을 뚫고 탈출해 식도로 올라올 때, 이렇게 가슴이 타는 듯한 통증이 나타날 수 있어.

나머지 네 가지 조임근은 무엇이고 어디에 있을까? 순서대로 나열

하면 다음과 같아.

- **날문 조임근** 위와 작은창자가 연결되는 부분에 있어. 위 속의 음식물을 십이지장으로 내보내고 넘어간 음식물이 위로 다시 올라오지 못하게 막아 줘.

- **오디 조임근** 쓸개관과 십이지장이 연결되는 부분에 있어. 지방의 소화를 돕는 쓸개즙과 각종 소화 효소를 창자로 보내.

- **돌막창자 조임근** 작은창자와 큰창자가 이어지는 부분에 있어. 작은창자에서 소화된 음식물을 큰창자로 보내.

- **항문 조임근** 실제로는 2개의 조임근으로 이루어져 있어. 안쪽 조임근은 똥이 나가지 못하게 막는 일을, 바깥쪽 조임근은 우리가 긴장을 풀 때 똥을 내보내는 일을 해.

'오디 조임근'에 숨은 이름의 비밀

오디 조임근은 이탈리아 해부학자 루제로 오디의 이름을 딴 용어야. 오디는 아직 학생이던 23세 때 이 특별한 근육이 어떻게 작용하는지 최초로 설명했어. 심지어 이 근육에 염증이 생기는 질병에도 오디의 이름이 붙어 있는데, '오디 조임근염'이라고 불러.

서커스 곡예사가 가르쳐 준
식도의 비밀

자신의 식도에 대해 깊이 생각해 본 사람은 거의 없을 거야. 그저 음식물이 위로 내려갈 때 지나가는 통로라고만 알고 있지. 하지만 이 단순한 관에 목숨을 거는 사람들이 있어. 전 세계를 통틀어 수백 명밖에 안 되는 이들은 칼을 입 속으로 넣어 삼키는 곡예사들이야.

서커스를 본 적이 있다면, 이 놀라운 묘기도 분명 보았을 거야. 대담무쌍한 곡예사가 무대로 뛰어나와 숨을 죽이고 지켜보는 관중 앞에서 기다란 칼을 입 속으로 집어넣어. 칼자루만 남을 때까지 쑥쑥 밀어 넣지. 여기에 속임수라곤 전혀 없어. X선으로 촬영한 사진에서도 칼이 정말로 목을 지나가 때로는 칼끝이 위에까지 이르러! 이 묘기 속에 숨어 있는 비밀은 무엇일까? 그것은 바로 삼키지 않는 데 있어.

4000여 년 전부터 칼 삼키기 묘기를 펼쳤던 곡예사들은 목의 긴장을 완전히 푸는 훈련을 했어. 그래서 창자 신경계가 조임근을 움직이지 않도록 통제할 수 있었지. 머리를 뒤로 젖히고 조임근을 느슨하게 푼 다음, 입에서 위 입구까지 식도를 직선에 가깝게 만드는 게 비밀이야. 식도가 일종의 칼집이 되는 거지. 이 경지에 이르려면 엄청난 연습이 필요한데, 가장 먼저 구역 반사를 억제하는 법부터 터득해야 해.

식도는 우리 몸에 들어와서는 안 되는 물질이 들어오진 않았는지 늘 눈에 불을 켜고 감시해. 만약 음식물이 아닌 이물질이 들어오면 자동으로 조임근을 수축시켜 이물질을 밖으로 내보내지. 이걸 구역 반사라고 해. 우리는 양치할 때 종종 구역 반사를 경험해. 칫솔을 입 속으로 너무 깊이 집어넣어서 구역질이 난 적 있지? 곡예사들은 온갖 물건을 삼키며 이 구역질을 참아 내는 훈련을 몇 년 동안이나 해. 처음에는 작은 것으로 시작해서 점점 더 큰 것으로 물건을 바꾸어 가면서 말이야. 하지만 따라 할 생각은 절대 하지 마! 잘못하다간 식도를 다칠 수도 있어.

노력은 배신하지 않는다는 말이 있지. 수많은 노력 끝에 칼 삼키기 묘기를 터득한 곡예사들은 멋진 공연을 보여 줄 수 있었어. 심지어 의학의 발전에도 도움을 주었는데, 이들 덕분에 식도에 대해 많은 것을 알 수 있었지. 지금은 소형 카메라를 이용해 소화 기관을 쉽게 들여다볼 수 있어. 이 과정을 내시경 검사라고 해. 하지만 19세기만 해도 이런 기술은 존재하지 않았어. 그래서 아돌프 쿠스마울이라는 독일 의사는 식도를 들여다보기 위해 특별한 관을 만들었어. 관 안쪽에 거울을 두르고 작은 램프까지 달았지. 그 길이는 대략 팔꿈치에서 손가락 끝까지의 길이와 비슷했어. 하지만 너무 크고 거추장스러워서 보통 사람은 절대로 삼킬 수가 없었지. 그래서 쿠스마울은 칼을 삼키는 곡예사에게 도움을 구했어. 이 실험을 통해 최초로 살아 있는 사람의 식도 내부를 볼 수 있게 되었지. 이 기구가 발전하여 오늘날 의사들이 몸속을 들여다보는 내시경 카메라가 탄생한 거야.

2장 핵심 정리

- 음식물은 식도를 지나 위로 들어간다.

- 소화 기관의 근육은 파동처럼 수축과 팽창을 반복하면서 음식물을 이동시킨다. 이 과정을 **꿈틀 운동(연동 운동)**이라고 부른다.

- **조임근**은 소화 기관의 출입구를 여닫는 일을 하는 고리 모양의 근육이다.

3장

놀라운
효소, 산, 점액

— 위 —

위가 어디쯤 있는지 아니? 손가락으로 그 지점을 한번 짚어 봐. 여러분도 대다수 사람들과 마찬가지로 배꼽 조금 위쪽에 있는 몸 중앙 부분을 짚고 있을 거야. 하지만 위는 실제로는 그보다 더 위쪽인 심장 아래에 있고, 몸 중앙에서 약간 왼쪽에 있어. 우리가 삼킨 음식물은 잠깐 동안 거친 여행을 한 뒤에 이곳 위로 들어와. 음식물은 약 25센티미터의 식도를 지나는 동안 꿈틀 운동을 통해 천천히 아래로 내려왔지. 위는 식도처럼 비좁지도 않고 공간도 넉넉해. 하지만 위는 그저 텅 빈 주머니가 아니야. 모양은 콩과 비슷하게 생겼는데, 아랫변이 윗변보다 길어. 이 특이한 모양은 위가 음식물을 질서 있게 정리하는 데 도움이 돼.

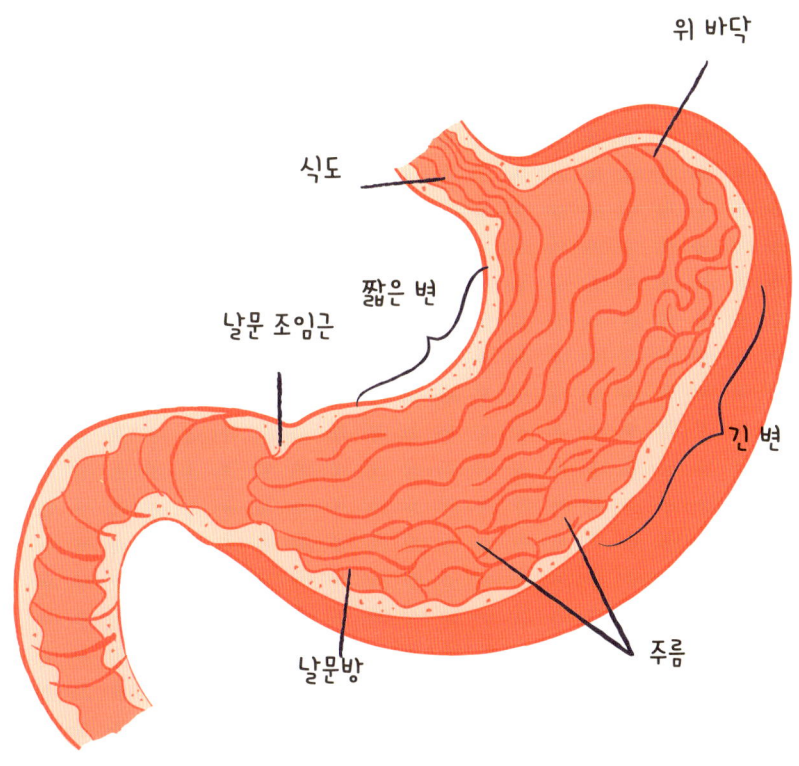

　숙제할 때를 떠올려 봐. 보통은 쉬운 문제부터 먼저 해결하려고 하지. 그래야 어려운 문제에 더 많은 시간을 쓸 수 있으니까 말이야. 위도 똑같이 행동해. 위의 주름은 음식물을 분해하기 쉬운 것과 어려운 것으로 분리해 처리할 수 있도록 설계되었어. 위에 들어오는 음식물 중 대부분은 액체야. 액체는 곧장 작은창자로 옮겨 갈 수 있어. 하지만 고체는 처리하는 과정이 조금 더 복잡해. 고체 음식물은 위에 더 오래 머물면서 작은 조각으로 분해되는 과정을 거친 뒤에야 다음 단계로 넘어가지. 위에서 긴 변 쪽은 주름이 많은데, 고체 음식물은 거기에 붙들린 채 위산에 의해 분해되지. 반면에 액체는 짧은 변 쪽을 통해 곧장 작은창자로 이동해.

위의 놀라운 팽창 능력

위는 모양이 특이할 뿐만 아니라 놀라운 팽창 능력도 갖고 있어! 텅 비어 있는 위의 부피는 약 75밀리리터에 불과해. 하지만 음식을 먹으면 위는 열 배 이상 팽창할 수 있어. 약 1리터의 음식을 담을 수 있을 만큼 늘어나거든! 창자 신경계 덕분에 위는 음식물이 들어올 때를 미리 알고서 근육을 이완하면서 팽창할 준비를 해. 큰 걱정거리가 있거나 불안할 때 음식을 많이 먹을 수 없는 이유는 이 때문이야. 스트레스를 받으면 위가 제대로 이완하지 않아 크게 팽창하지 못하거든.

너무 많이 먹어서 위가 풍선처럼 뻥 터지지 않을까 걱정한 적 없니? 그런 걱정은 하지 않아도 돼. 위는 절대로 터지지 않아. 거기에는 여러 가지 이유가 있어. 첫째, 음식물이 많이 들어오면 위가 팽창하긴 하지만, 풍선처럼 팽창하지는 않아. 대신에 음식물을 붙잡는 데 도움을 주는 주름들이 좍 펼쳐지면서 위가 점점 커지지. 둘째, 풍선과 달리 위에는 출구가 있어. 바로 작은창자의 첫 번째 구간인 십이지장이야. 또 음식물은 위를 경유해 항상 아래로 내려가는데, 특히 액체는 빨리 이동해. 그래서 먹은 것이 모두 위에 오랫동안 머무는 건 아니야. 마지막으로 창자 신경계는 위가 꽉 차면 뇌에 신호를 보내. "그만! 이제 그만 먹어!"

위는 크기가 최대치에 이르기 전에 그만 먹으라는 메시지를 보내. 하지만 가끔 이 경고를 무시하는 사람들이 있어. 빨리 먹기 대회에 참가하는 사람들을 생각해 봐. 참가자들은 한번에 많은 음식을 먹도록 오랫동안 훈련받아 왔어. 최대 규모의 빨리 먹기 대회 중 하나는 매년 7월 4일에 뉴욕시에서 열려. 이 대회에서는 10분 동안 핫도그를 가장 많이 먹는 사람을 뽑기 위해 치열한 경쟁이 벌어지지. 2023년도 우승자는 핫도그를 60개 이상, 그러니까 분당 6개꼴로 먹었어. 위는 급하게 씹어서 삼킨 소시지와 빵을 담기 위해 6리터 이상 늘어나야 했을 거야! 이들이 그토록 많은 음식을 빨리 먹을 수 있는 비결은 순전히 정신력에 달려 있어. "이제 그만 먹어!"라는 신호를 무시할 수 있어야 하니까 말이야.

위에서는 어떤 일이 일어날까?

잘 씹어서 삼킨 음식물이 위에 도착하면 어떤 일이 일어날까? 나무와 금속을 녹일 만큼 강한 산성 용액이 파도처럼 출렁이는 이곳에서 음식물은 마구 뒤섞이게 돼.

19세기까지만 해도 과학자들은 위가 정확하게 어떻게 작용하는지 잘 몰랐어. 어떤 사람들은 위의 근육이 강하게 수축하면서 기계적 방식으로 음식물을 점점 더 작은 조각으로 만든다고 생각했어. 그렇게 해서 음식물이 소화하기 알맞게 쪼개지면 작은창자로 이동한다고 보았지. 어떤 사람들은 음식물이 화학적 과정을 통해 분해된다고 생각했어. 단순히 음식물을 뒤섞는 것만으로는 우리 몸이 소화할 수 있을 정도로 음식물을 잘게 조각 낼 수 없다고 생각했거든. 어떤 사람들은 두 가지 과정이 모두 일어난다고 주장했어. 마치 세탁기가 세제와 빙빙 돌아가는 힘을 모두 사용해 빨래를 하는 것처럼 위도 기계적 힘과 화학적 작용을 모두 사용해 음식물을 소화한다고 보았지.

이 질문에 대한 답은 얄궂은 운명의 장난 덕분에 알게 되었어. 1822년, 캐나다의 모피 사냥꾼 알렉시 생 마르탱은 머스킷 총에서 발사된 탄환에 맞고 말았어. 공처럼 둥글고 큰 탄환은 배를 뚫고 위까지 들어갔어. 그 당시에는 복부에 총상을 입으면 살아남기 어려웠지만, 생 마르탱은 기적적으로 살아남았어. 하지만 상처는 제대로 아물지 않고 구멍이 그대로 남아 있었지. 담당 의사이던 윌리엄 보몬트는 생 마르탱이 먹은 음식물이 얼마 후 위에 도착하는 모습을 배에 난 구멍을 통해 볼 수 있었어. 보몬트는 이것을 소화 작용이 어떻게 일어나는지 관찰할 수 있는 절호의 기회라고 생각했어.

그 후 11년 동안 보몬트는 생 마르탱을 대상으로 수백 가지 실험을 했어. 음식물에 실을 매달아 생 마르탱의 위 속에 집어넣고서 몇 시간 뒤에 꺼내어 관찰해 보기도 하고, 위에서 소화액이 나오기 시작하는 시간을 파악하는 실험도 했지.(소화를 연구하는 과학자로서 분명히 말하는데, 우리는 더 이상 이와 같은 실험을 절대로 하지 않아!)

보몬트는 이 역겨운 연구 과정을 통해 중요한 사실을 알아냈어. 음식물을 뒤섞는 위의 근육 운동이 소화를 돕긴 하지만, 소화는 대체로 화학적 과정을 통해 일어난다는 사실을 입증했지. 또, 소화액이 어떤 화학 물질들로 이루어져 있는지 최초로 정확하게 추론했어.

위산 만드는 법

위는 많은 물질을 분비해.

- 위벽이 산에 녹지 않게 보호하는 점액
- 음식물을 몸이 흡수하기 좋은 형태로 분해하는 효소
- 배가 부르다는 사실을 뇌에 전달하는 호르몬

하지만 무엇보다 중요한 것은 염산이야. 염산은 일상생활에서 청소할 때 잘 지워지지 않는 때를 벗겨 내거나 강철의 녹을 제거하는 등 다양한 곳에 쓰이지만, 위에서도 중요한 역할을 두 가지 맡고 있어. 하나는 음식물 속의 단백질을 분해해 소화 과정을 돕는 것이고, 또 하나는 음식물에 섞여 들어와 병을 일으키는 세균을 죽이는 거야.

위벽에서는 그 밖에도 여러 가지 화학 물질이 나오는데, 이것들과 염산이 섞인 혼합물을 위산이라고 불러. 위산은 이름 그대로 강한 산성을 띠고 있어! 위산의 산성도는 레몬 즙이나 식초와 비슷해. 위는 이런 위산을 매일 최대 1.5리터나 만들어 낼 수 있어.

혹시 오래된 동전의 때를 식초로 녹여 지워 본 적 있니? 묵은 때도 말끔히 지울 만큼 식초의 산성은 강해. 위산의 산성도도 식초와 비슷하다고 했지? 그렇다면 여기서 궁금한 것 하나, 위벽은 어떻게 위산에도 녹지 않을까? 바로 위벽에서 만들어 내는 또 하나의 물질인 탄산수소 나트륨 덕분이야.

탄산수소 나트륨은 쉽게 찾아볼 수 있어. 부엌에서 많이 쓰는 베이

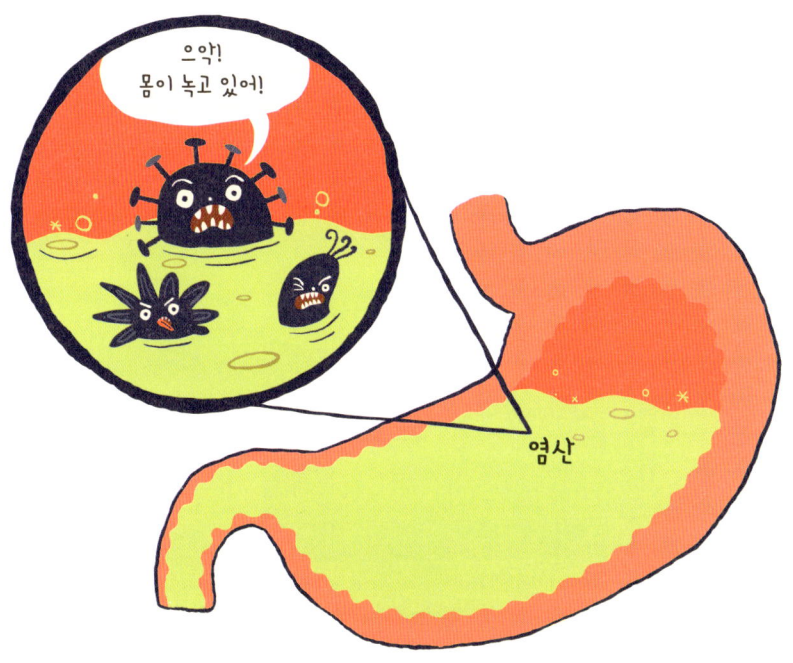

킹 소다가 바로 탄산수소 나트륨이야. 하지만 이 물질이 우리 몸에서 얼마나 중요한 역할을 하는지는 미처 몰랐을 거야. 탄산수소 나트륨은 산과 반대되는 물질인 염기야. "반대되는 것끼리는 서로 끌어당긴다."라는 말이 산과 염기에는 적용되지 않아. 산과 염기가 만나면, 둘 다 각각의 성질을 잃으면서 무해한 물과 소금으로 변하지. 위에서는 탄산수소 나트륨이 소량 분비되어 위산의 산성도를 적정 수준으로 유지시켜. 즉, 음식물을 소화하기에는 충분하지만, 소화 기관에는 해를 입히지 않을 정도로 위산의 산성도를 맞추는 거야. 맵고 자극적인 음식을 자주 먹으면 속이 쓰릴 때가 있어. 이때, 위산을 중화하기 위해 먹는 제산제에도 탄산수소 나트륨이 포함되어 있지.

호르몬: 소화 기관의 전령

눈앞에 있는 맛있는 음식을 보자마자 위는 위산을 분비하기 시작해. 이 모든 것은 창자 신경계 때문에 일어나. 뇌는 곧 맛있는 음식이 들어올 것을 기대하면서 미주 신경*을 통해 "음식이 오고 있어!"라는 신호를 보내지. 위에 도착한 이 신호는 위벽에 늘어선 세포들에게 가스트린을 만들라고 지시해.

가스트린은 호르몬의 한 종류야. 호르몬은 우리 몸에서 만들어지는 화학 물질로, 우리 몸의 특정 부위에 어떤 일을 하라는 지시를 전달하지.

* 미주 신경: 뇌에서 소화 기관까지 뻗어 있는 우리 몸에서 가장 긴 신경.

이 경우에 가스트린은 위벽에 늘어선 세포들에게 곧 음식물이 올 테니 위산을 만들라고 지시해. 이것은 일종의 릴레이와 비슷해. 뇌는 미주 신경을 통해 "가스트린을 만들어."라고 지시하고, 그렇게 만들어진 가스트린은 위벽 세포에게 "위산을 만들어."라고 지시하지.

위는 그 밖에 다른 호르몬도 만들어. 그중 하나인 그렐린은 '배고픔 호르몬'이라고 부르는데, 위가 텅 비었을 때 만들어지지. 그렐린은 "배고파!"라는 신호를 뇌로 보내. 마침내 우리가 음식을 먹으면 위가 팽창하고, 소화 운동이 시작되면서 그렐린 생산을 멈추지. 그러면 우리는 배부르다는 느낌을 받는 거야. 이렇게 화합물과 호르몬이 복잡하게 얽혀 작용하면서 "배고파!", "배불러!", "산성이 너무 강해. 위험해!", "걱정하지 마. 금방 중화할 수 있어!"와 같은 신호를 보내지. 그 결과로 우리는 적당히 음식을 먹고, 위는 음식물을 제대로 소화할 수 있어.

꾸르륵 소리의 비밀, 위의 박동

화학 물질은 분명히 중요하지만, 음식물을 분해하는 데 도움을 주는 위 근육의 역할도 무시할 수 없어. 심장이 빠르게 팽창과 수축을 반복하는 것처럼 위도 팽창과 수축을 반복해. 다만, 그 리듬은 심장보다 훨씬 느려서 1분에 세 번 정도 팔딱거려. 이 움직임 덕분에 음식물이 위산과 뒤섞이지. 이렇게 위가 움직일 때마다 배에서 꾸르륵 소리가 나. 우리는 흔히 위가 비었을 때 꾸르륵 소리가 난다고 생각하지만, 실제로는 위는 항상 꾸르륵거리고 있어. 다만 위가 비었을 때 그 소리가 증폭되어 잘 들릴 뿐이지.

디저트를 위한 위가 따로 있을까?

배가 꽉 차도록 음식을 먹고 난 뒤에도 디저트를 더 먹을 수 있는 이유는 무엇일까? 그 비밀은 얼마 전에야 밝혀졌어. 바로 위도 맛을 느끼기 때문이야!

혀의 맛봉오리에 있는 것과 동일한 미각 수용기가 위에서도 발견되었어. 과학자들은 사람들이 에너지가 많은 음식, 즉 열량이 높은 음식을 원하는 이유가 이 때문이라고 생각해. 위가 음식물의 에너지 가치를 판단하고서 우리에게 가치가 높은 음식물을 얼른 먹으라고 재촉한다는 거지. 디저트처럼 달콤한 음식물은 건강에 좋지 않을 수 있지만, 에너지를 만들어 내는 당분이 듬뿍 들어 있어. 진화의 역사에서 우리 몸이 현재 상태로 발달하던 무렵에는 식량을 구하기 어려운 때가 많았어. 특히 달콤한 음식물은 아주 소중한 에너지원이었지. 그래서 위에 도착한 달콤한 음식물은 배고픔 호르몬인 그렐린을 만드는 미각 수용기를 자극해. 디저트를 한 입 먹는 순간, 그렐린이 분비되면서 배가 터질 듯이 부른 상태에서도 뇌는 디저트를 더 먹으라고 지시하는 거야.

배 속의 나비

영어에는 "배 속의 나비(butterflies in the tummy)"라는 재미있는 표현이 있어. 불안하거나 긴장했을 때 가슴이 울렁이는 게 마치 배 속에서 나비가 퍼덕이는 것 같다고 해서 생긴 표현이야.

혹시 투쟁-도피-경직 반응이란 말을 들어 본 적 있니? 이것은 눈앞에 닥친 위험으로부터 자신을 보호하기 위해 우리 몸이 본능적으로 보이는 반응이야. 위험을 느끼면, 우리는 맞서 싸우거나 도망가거나 몸이 굳어 그 자리에서 꼼짝도 못 하게 되지. 이 반응은 큰 불안에 휩싸였을 때 나타나. 그러면 우리 몸은 아드레날린 호르몬을 많이 분비하는데, 그 결과로 혈액이 소화 기관에서 빠져나와 팔다리 쪽으로 옮겨 가지. 위험에서 벗어나려면 팔다리를 빨리 움직여야 하니까 그런 거야. 그래서 위와 창자에 혈액이 부족해지고, 그 결과로 메스껍고 가슴이 울렁이는 느낌이 드는 거야.

음식물이 미즙으로 변하는 시간

음식물의 종류에 따라 위 속에서 뒤섞이는 시간이 제각각 달라. 액체는 아주 빠르게 지나가는 반면, 쿠키나 케이크, 감자, 파스타 같은 탄수화물은 두 시간 이상 위에서 뒤섞이는 과정을 거치지. 고기 같은 단백질은 분해하는 데 더 오랜 시간이 걸려. 거의 여섯 시간 정도 위에 머물지.

위 속에서 잘게 갈려 곤죽처럼 변한 음식물을 미즙이라고 불러. 이 단계에서는 원래 음식물의 모습을 전혀 찾아볼 수 없지. 케이크와 쿠키와 스테이크 조각은 이제 2밀리미터도 안 되는 아주 작은 크기로 변했고, 물과 점액과 위산이 섞여서 서로 엉겨 붙어 있어. 마치 믹서로 간 혼합물처럼 보이지. 미즙은 아직까진 일부만 소화된 음식물이야. 진짜 소화 과정은 우리 여행의 다음 행선지인 작은창자에서 일어나.

3장 핵심 정리

- 위에서는 **위산**과 **탄산수소 나트륨**과 **점액**이 나온다. 위산은 음식물을 분해하고 세균을 죽이는 일을 하고, 탄산수소 나트륨은 위산의 산성도를 낮추는 역할을 하며, 점액은 위벽을 보호한다.

- 창자 신경계와 그렐린 **호르몬** 덕분에 위는 음식물이 들어오는 타이밍에 맞춰 위산을 만들어 내고, 배고프다는 신호를 보내 음식 섭취를 유도한다.

- 위는 음식물을 반쯤 소화시켜 곤죽 같은 상태로 만드는데, 이것을 **미즙**이라고 부른다. 이렇게 미즙으로 변한 음식물은 **작은창자**로 옮겨 간다.

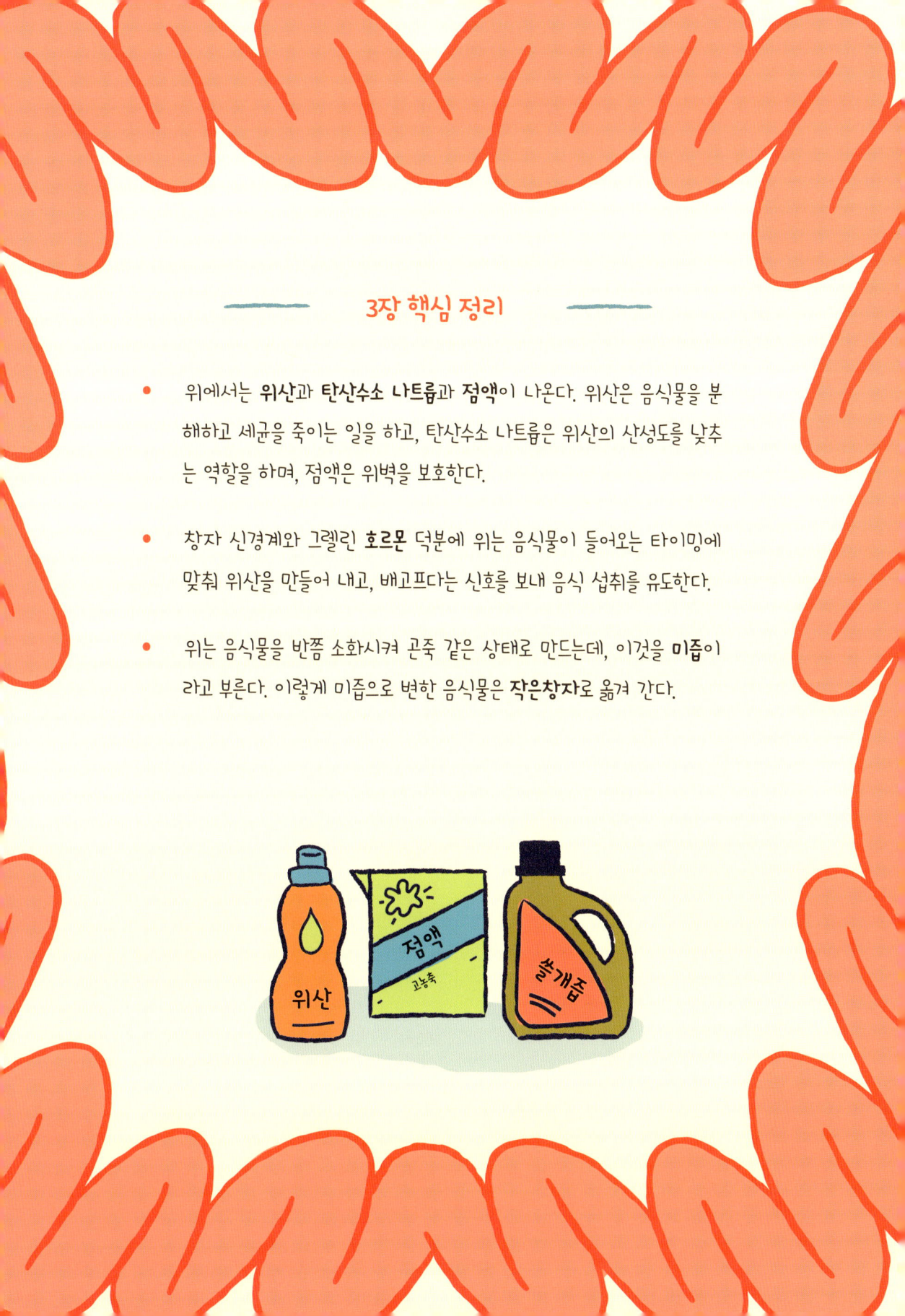

4장

내려갔던 것이 도로 올라올 때

— 구토와 트림 —

소화관을 따라 아래로 여행을 계속하기 전에 여기서 잠깐 살펴보고 갈 것이 있어. 바로 '내려갔던 것이 다시 올라오는 일' 뒤에 숨은 과학이야. 구토와 트림은 어떻게 일어날까?

구토

토하길 좋아하는 사람은 아무도 없어. 구토는 뭔가가 잘못되었다는 신호이기 때문이야. 몸이 아플 수도 있고, 불안할 수도 있고, 혹은 롤러코스터를 탔다가 속이 뒤집혔을 수도 있어. 어쨌거나 뭔가 문제가 생겼고, 그 문제 때문에 먹었던 것이 위로 올라오는 거야.

구토는 소화 기관이 보낸 긴급 경보에 몸이 반응하는 방식이야. 구토가 일어나는 과정은 세 단계로 나눌 수 있어.

1단계는 메스꺼움이 느껴지는 단계야. 속에서 뭔가가 잘못되었다는 느낌이 강하게 들지. 이런 느낌은 소화 기관의 근육이 긴장하면서 생겨. 속이 메스껍다고 반드시 구토로 이어지는 것은 아니야. 때로는 조금 있다가 그냥 사라지기도 해. 만약 이 증상이 더 심해진다면…….

2단계가 시작되는데, 복부 근육과 호흡하는 데 사용하는 근육이 급작스럽게 수축하면서 기침과 경련이 일어나. 이번에도 이 정도로 그치고 더 이상 아무 일도 일어나지 않을 수 있어. 하지만 거기서 멈추지 않고 구역질이 시작되면, 입으로 뭔가가 튀어나올 확률이 아주 높아.

자, 이제 3단계, 본격적으로 토하는 단계야. 역겹긴 하지만 구토는 아주 복잡한 과정이야. 구토가 일어나기 직전에 여러 가지 신체적 징후가 나타나. 식은땀이 나고, 심장 박동이 빨라지고, 소화 기관으로 혈액이 몰리면서 안색이 창백해지지. 침도 많이 나오기 시작해. 위에서 산성도가 아주 높은 내용물을 강제로 내보내려는 걸 우리 몸이 미리 알아채고서 치아를 보호하려고 그러는 거야. 그다음에는 숨을 깊이 들이쉬면서 폐와 연결된 숨길인 기도 입구를 막아. 위에서 올라오는 물질이 폐로 들어가지 못하게 하는 거야.

이제 작은창자에서부터 역꿈틀 운동이 시작돼. 꿈틀 운동이 반대 방향으로 일어나는 거야. 그러면 음식물이 아래쪽으로 내려가는 게 아니라 위쪽으로 올라오게 돼. 이때, 위와 식도를 포함해 모든 조임근이 이완되지. 그러고 나서 가로막*과 복부 근육이 강한 힘으로 위의 내용물을 밀어내 아주 빠른 속도로 토사물을 밖으로 내보내지. 심지어 작은창자에 있던 것이 나올 수도 있는데, 빈속에도 구토가 나는 것은 이 때문이야. 주변을 아수라장으로 만들고 싶지 않다면, 변기로 달려가거나 토사물을 받을 용기를 미리 준비해 두는 게 좋아.

* 가로막: 배와 가슴 사이를 분리하는 근육.

구토는 왜 일어날까?

구토의 원인은 여러 가지가 있어. 주요 용의자 중 하나는 병원체야. 여기서 병원체란 병을 일으키는 원인이 되는 미생물을 말해. 병원체에는 세균, 바이러스, 균류, 기생충 등이 있어. 노로바이러스 같은 병원체는 아주 빠르게 구토를 일으킬 수 있어. 불과 몇 분 만에 구토의 세 단계가 모두 진행되면서 황급히 변기로 달려가야 해. 반면에 식중독을 일으키는 세균을 비롯해 다른 병원체로 인한 구토는 좀 더 느리게 진행돼. 때로는 불안감 때문에 구토가 나기도 하고, 멀미 때문에 구토가 일어날 수도 있지. 자동차나 롤러코스터를 탔을 때 구역질하는 사람도 많아.

심지어 다른 사람이 구토하는 모습을 보고서 구역질이 나기도 해. 이렇게 연쇄적으로 구역질하는 동물은 사람을 비롯해 침팬지와 고릴라 같은 영장류뿐이야. 과학자들은 그 이유가 사람과 영장류가 가족이나 무리를 이루어 같은 음식을 먹고 살아가기 때문이라고 생각해. 우리는 가족끼리 한 식탁에서 식사를 하고, 영장류는 먹이를 구해 와 같은 장소에서 함께 먹곤 해. 만약 구성원 중 누군가가 뭔가를 먹고서 갑자기 아프다면, 같은 음식을 먹은 나머지 구성원들도 아플 가능성이 높아. 그러니 그 전에 얼른 먹은 것을 토해 내는 게 건강에 좋지.

다행히도 구토는 비교적 드물게 일어나. 하지만 대부분의 사람들이 몇 시간도 참지 못하고 내보내는 것이 있어. 그건 바로 가스야.

구토를 막는 법

만약 속이 메스꺼워 하루를 망칠 것 같은 기분이 든다면 어떻게 해야 할까? 구토를 막는 방법이 있을까? 사람마다 각자 나름의 비법이 있겠지만, 그중에서 가장 효과가 있다고 알려진 방법을 몇 가지 알려 줄게.

- 메스꺼움과 구토를 예방하는 약을 먹어.

- 내관혈을 꾹 눌러 줘. 내관혈은 손목 관절에서 팔꿈치 쪽으로 손가락 두께의 세 배 정도 내려온 곳에 있는 혈이야. 손목의 두 힘줄 사이에 있는 이곳을 누르면, 메스꺼움과 구토를 예방하는 데 효과가 있어. 내관혈을 계속 눌러 주는 손목 밴드도 있으니 그것을 착용해도 돼.

- 생강 조각을 씹거나 생강 캔디를 먹어 봐.

- 멀리 지평선 쪽을 바라봐. 자동차나 배 또는 롤러코스터를 타면서 멀미가 날 경우, 앞을 똑바로 바라보면 증상을 완화하는 데 도움이 돼.

속이 메스꺼울 땐, 이곳을 눌러 줘.

트림

　트림은 위에서 가스가 뿜어져 나올 때 일어나. 창자 속 세균이 만들어 내는 냄새 고약한 방귀와 달리, 트림은 대개 냄새가 없고, 단순히 우리가 들이마신 기체 성분으로 이루어져 있어. 음식을 먹을 때 함께 삼킨 공기도 포함돼. 이 경우에 트림은 질소와 산소가 대부분을 차지하거나 청량음료에서 나온 이산화 탄소가 상당 비율을 차지할 수 있어.

　트림은 위에서 생긴 기포가 식도 쪽으로 올라오면서 시작해. 기포가 위와 식도 사이에 있는 조임근을 자극해 입구를 열게 하지. 기포는 쏜살같이 솟아올라 성대를 통과하고 인두를 지나 입 밖으로 나와. "꺼억!" 이런 일이 일어나면 "어, 죄송해요!" 하고 사과하는 게 좋겠지? 하지만 모든 곳에서 트림을 예의에 벗어난 행동으로 여기는 건 아니야. 어떤 나라에서는 오히려 식사 후에 잘 먹었다는 인사로 트림을 하기도 해! 그리고 개중에는 이 인사법에 아주 뛰어난 재능을 가진 사람도 있어. 지금까지 세상에서 가장 큰 트림 소리로 기록된 트림은 그 세기가 107데시벨이나 되었어. 이건 바로 옆에서 기계로 바위를 뚫는 것과 비슷한 크기의 소리야!

우주에서 하는 트림

다음번에 트림을 하거든, 국제 우주 정거장에 머무는 우주 비행사들을 생각해 봐. 중력이 없는 우주에서는 트림하는 일도 결코 쉽지가 않아. 지구에서는 위 속의 가스가 곤죽이 된 음식 위를 둥둥 떠다니지. 하지만 무중력 상태에서는 가스가 축축한 곤죽 상태의 음식물과 섞여 있어서 트림이 나올 때 그 지저분한 음식물도 함께 딸려 나와. 우주 비행사들은 트림과 토사물이 반반씩 섞인 이것을 가리키는 영어 단어를 새로 만들기까지 했어. 그 단어는 bomit인데, '트림'이란 뜻의 burp와 '토하다'란 뜻의 vomit을 합쳐서 만든 거야. 우주 비행사 훈련 학교에서는 이런 걸 절대 가르쳐 주지 않았을 거야.

딸꾹질

딸꾹딸꾹! 멈추지 않는 딸꾹질은 몹시 짜증 날 수 있어. 찰스 오스본이라는 사람은 불쌍하게도 69년 동안이나 딸꾹질을 했다고 해. 하지만 딸꾹질은 인류의 역사를 되돌아보는 데 흥미로운 통찰력을 제공하기도 해.

딸꾹질은 가로막처럼 호흡을 돕는 근육들이 우리의 의지와 상관없이 수축할 때 일어나. 이러한 경련 때문에 성대가 급작스럽게 닫히면서 특유의 "딸꾹!" 소리가 나지. 딸꾹질은 음식을 너무 많이 먹거나 급하게 먹을 때, 혹은 탄산음료를 마시거나 갑작스레 흥분해서 공기를 많이 삼켰을 때 종종 일어나. 딸꾹질은 대개 몇 분 안에 저절로 멈추지만, 딸꾹질을 빠르게 멈출 수 있는 비법을 누구나 한 가지씩은 알고 있어. 예컨대 거꾸로 매달리거나 고개를 숙인 상태로 물을 마시는 방법이 있지. 깜짝 놀라게 하는 것도 효과가 있다고 해.

우리는 자궁 속에 있을 때부터 딸꾹질을 시작했어. 빠르게는 임신 8주째부터 한다고 해. 그런데 딸꾹질은 사람만 하는 게 아니야. 모든 포유류가 다 딸꾹질을 해. 그래서 사람의 진화에 관심이 있는 과학자들은 사람이 딸꾹질을 하는 이유를 알아내려고 많은 시간을 쏟아부었어.

아주 먼 옛날에 우리의 조상 동물은 양서류처럼 폐와 아가미를 모두 사용해 숨을 쉬었어. 일부 연구자들은 그 습성이 지금까지 남아 딸꾹질이 나는 거라고 생각해. 또 최초의 포유류가 젖을 빨 때 함께 삼킨 공기를 뱉어 내기 위해 딸꾹질이 발달했다는 주장도 있지. 그 밖에 식도에 걸린 음식물을 빼내기 위해 딸꾹질이 진화했다는 의견도 있어.

4장 핵심 정리

- 구토의 원인은 세균과 바이러스에서부터 불안과 멀미에 이르기까지 다양하다.

- 구토는 몸에서 **역꿈틀 운동**이 일어나 아래로 내려갔던 음식물이 거꾸로 올라올 때 일어난다.

- 트림은 위에서 솟아오른 기포가 성대와 인두를 지나 특유의 "꺼억!" 하는 소리와 함께 입 밖으로 나오는 현상이다.

- 딸꾹질은 호흡을 돕는 근육들이 급작스럽게 수축하면서 '딸꾹' 소리가 나는 현상이다. 대개 공기를 너무 많이 삼켰을 때 일어난다.

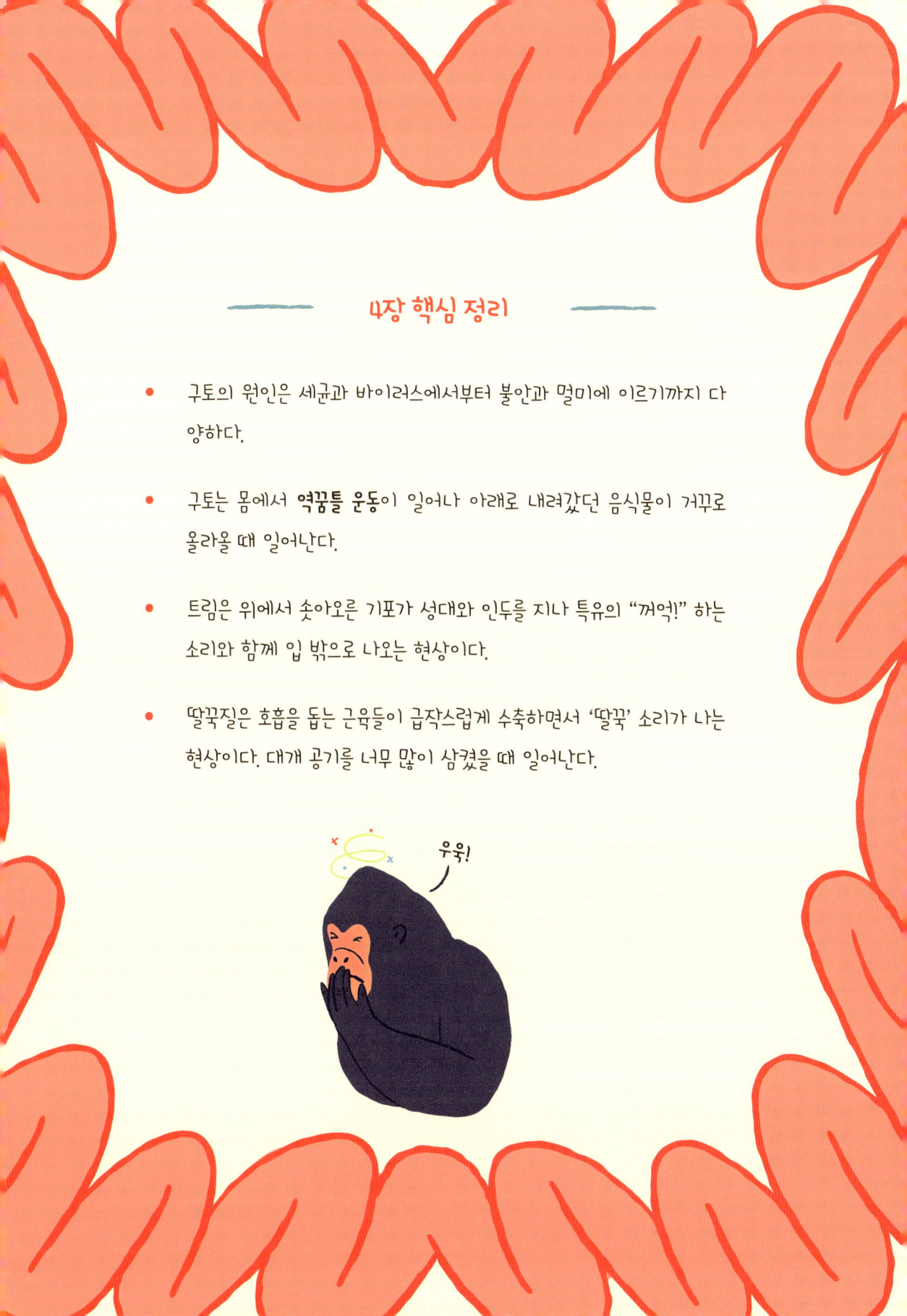

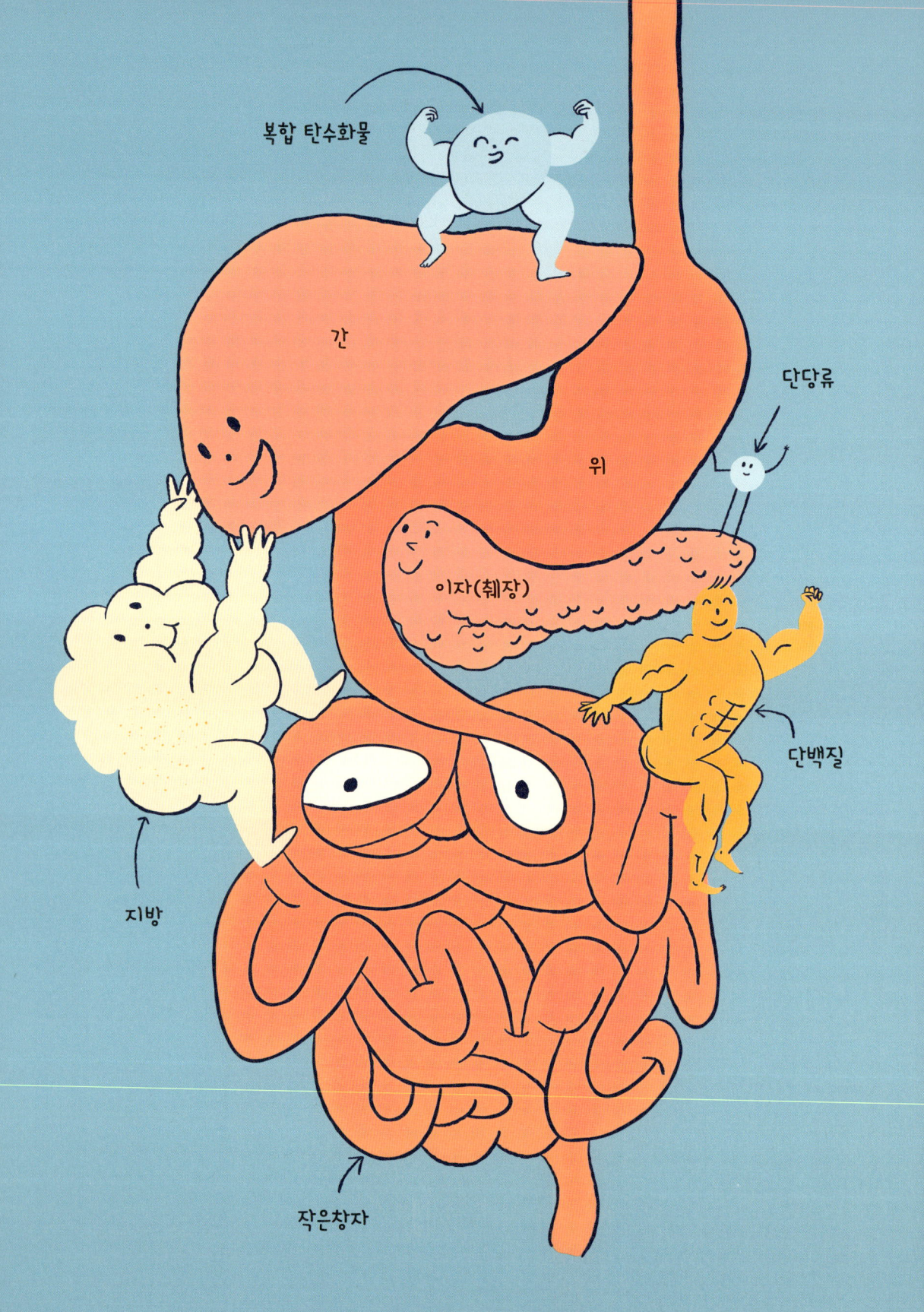

5장
소화의 종착지

― 작은창자 ―

작은창자의 지름은 어른 손가락 굵기 정도밖에 안 돼. 하지만 돌돌 말려 있는 작은창자를 죽 펼치면 그 길이가 5~7미터나 돼. 키가 큰 사람일수록 작은창자의 길이도 더 길어. 대다수 동물의 작은창자 길이는 몸길이의 3.5배쯤 돼. 그렇다면 세상에서 가장 큰 동물인 대왕고래의 작은창자는 그 길이가 약 150미터나 될 거야! 이렇게 긴 작은창자는 크게 세 부분으로 나눌 수 있어. 각 부분에서는 어떤 일이 일어나고 있을까?

작은창자가 하는 일

1. 작은창자의 처음 약 30센티미터 부분을 십이지장이라고 불러. 십이지장이 하는 임무는 두 가지가 있어. 첫 번째는 작은창자로 미즙을 내보내도 된다는 호르몬 신호를 위로 보내는 거야. 이 신호에 따라 날문 조임근이 열리고, 미즙이 작은창자로 들어오지. 더 중요한 두 번째 임무는 바로 소화에 필요한 효소들을 모아 음식물을 분해하는 거야.

2. 십이지장 다음에 있는 부분은 빈창자야. 빈창자는 소화된 음식물에서 영양분을 흡수하는 일을 해.
3. 그리고 마지막으로 돌창자로 넘어가지. 돌창자는 빈창자에서 미처 흡수되지 못한 영양소를 마지막으로 빨아들여. 또, 항문을 통해 침입한 병원체를 감지해 면역계에 알리는 일도 해.

그런데 이렇게 기다란 창자가 어떻게 우리 몸속에 편안히 자리를 잡고 있을까? 우리가 자궁 속에 있을 때, 한동안은 작은창자가 너무 빨리 자라는 바람에 일부가 몸 밖으로 빠져나와 탯줄과 합쳐져 있었어. 그랬다가 태아의 복부가 작은창자가 들어갈 만큼 충분히 커진 다음에야 도로 몸속으로 들어갔지. 결국 태아의 몸속에서는 거미줄처럼 혈관으로 이루어진 조직이 발달하고, 그 속에 기다란 창자가 차곡차곡 포개져 들어가게 돼.

작은창자 내부는 맨눈으로 보면 반반한 것처럼 보여. (나는 카메라로 촬영한 영상을 통해 내 창자를 본 적이 있는데, 분홍색으로 빛나는 모습으로 보였어.) 하지만 확대해서 자세히 들여다보면, 창자벽에 작은 손가락처럼 생긴 돌기가 수없이 많이 돋아 있는 걸 볼 수 있지. 융털(융모)이라고 부르는 약 1밀리미터의 이 작은 돌기들 덕분에 작은창자는 표면적을 아주 넓게 늘릴 수 있어. 심지어 각 융털 표면은 그보다 작은 미세

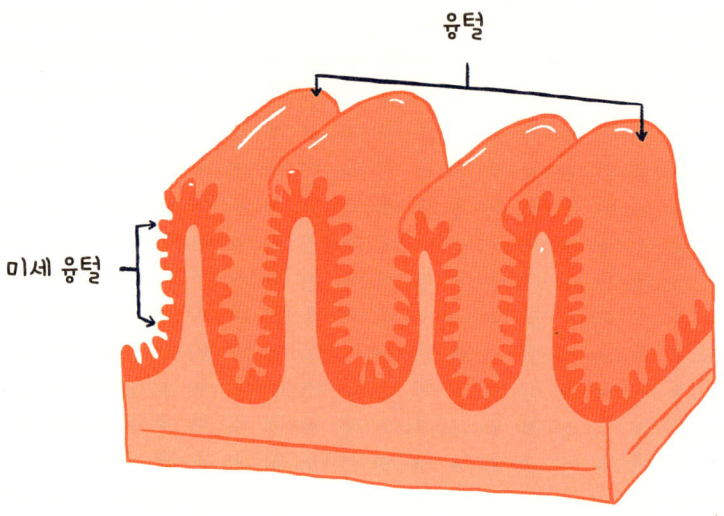

융털로 뒤덮여 있어. 모든 융털을 일일이 납작하게 펼쳐서 죽 늘어놓으면, 테니스 코트를 완전히 뒤덮을 만큼 넓은 면적을 차지해.

작은창자 벽이 이렇게 융털로 뒤덮인 이유는 아주 간단해. 소화의 목적은 음식물에서 영양분을 흡수하는 데 있고, 그 일은 주로 작은창자에서 일어나. 따라서 표면적이 넓을수록 음식물에서 더 많은 영양분을 흡수할 수 있어. 이렇게 융털이 흡수한 영양분은 융털과 연결된 모세 혈관을 통해 우리 몸 곳곳으로 운반돼. 위에서 만들어진 미즙은 작은창자를 다 지나갈 무렵이면 약 95퍼센트가 분해되고 흡수되어 우리가 살아가는 데 필요한 영양분과 에너지로 쓰여.

작은창자에서는 물도 흡수돼. 매일 우리는 1~2리터의 물을 마셔. 그런데 우리 소화계는 침과 위산 같은 분비물의 형태로 그보다 더 많은 액체를 만들어 내. 그 양만 6~7리터 정도 되지. 그중 약 80퍼센트가 작은창자에서 다시 흡수되어 혈액 속으로 들어가.

십이지장, 빈창자, 돌창자

십이지장은 그 길이가 손가락 12개 두께와 같다고 해서 붙은 이름이야. 실제로는 그것보다 조금 더 길어. 약 25~30센티미터의 길지 않은 이 공간에서 아주 중요한 일들이 일어나고 있어. 십이지장은 소화의 속도를 조절해. 위와 연결된 출입구를 여닫아 미즙이 작은창자로 들어오는 것을 통제하지. 그리고 약 한 시간 동안 꿈틀 운동을 하면서 미즙을 작은창자의 한 장소에서 다음 장소로 이동시켜. 또한 십이지장에는 소화액을 만들어 내는 간과 이자(췌장)가 연결되어 있어. 십이지장에 이 소화액들이 모여 미즙을 추가로 분해하지. 게다가 탄산수소 나트륨도 분비하면서 위에서 섞여 왔을지도 모르는 위산을 중화해.

빈창자는 음식물에서 대부분의 영양분이 흡수되는 일이 일어나는 곳이야. 사실, 미즙이 빈창자를 2미터쯤 지날 무렵에는 전체 영양분 중 90퍼센트가 몸으로 흡수돼! 빈창자의 주름진 벽에 늘어서 있는 수백만 개의 세포들이 음식물에서 분해된 단백질과 지방, 당분을 스펀지처럼 빨아들이지. 이 세포들을 현미경으로 보면, 마치 창자벽에 돋아난 털처럼 보여! 물론 실제로는 털이 아니라 영양분을 흡수하는 작은 돌기인데, 융털이라고 불러. 창자벽은 이렇게 수많은 융털로 덮여 있기 때문에 표면적이 아주 넓어서 영양분을 효율적으로 흡수할 수 있어.

작은창자의 마지막 2~4미터를 차지하는 돌창자의 세포들도 털처럼 생겼어. 이곳은 여기까지 오는 동안 흡수되지 않고 남아 있던 영양분이 마지막으로 흡수되는 곳이야.

하지만 돌창자는 그것 말고도 중요한 일을 해. 우리의 소화 기관은

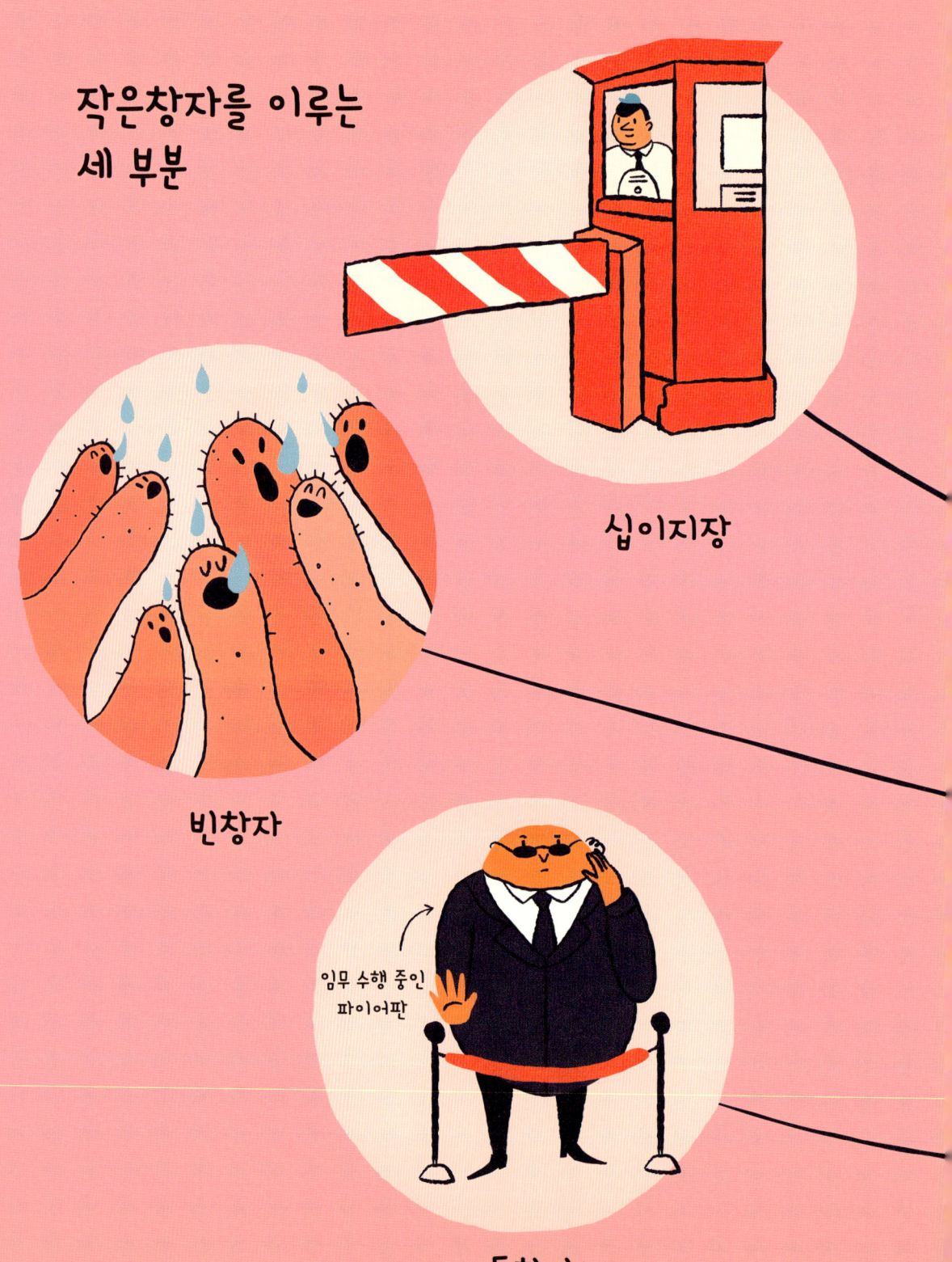

사실상 입에서 시작해 항문까지 뻗어 있는 기다란 하나의 관이나 다름없어. 그리고 그 양 끝은 열려 있어. 열린 끝부분은 외부에 노출돼 있기 때문에 그곳을 통해 병원체가 드나들 수 있어. 입과 위에서 분비되는 화합물과 산이 대부분의 병원체를 잘 처리하지만, 가끔씩 병원체가 살아남아 몸속으로 침입하기도 하거든. 돌창자 벽에는 면역 세포들이 모여 있는 파이어판이 있어. 이곳에 있는 면역 세포들은 세균이나 바이러스에 민감하게 반응하는데, 침입자를 발견하면 공격을 담당하는 면역 세포들에게 즉시 침입자를 파괴하라는 지시를 전달해.

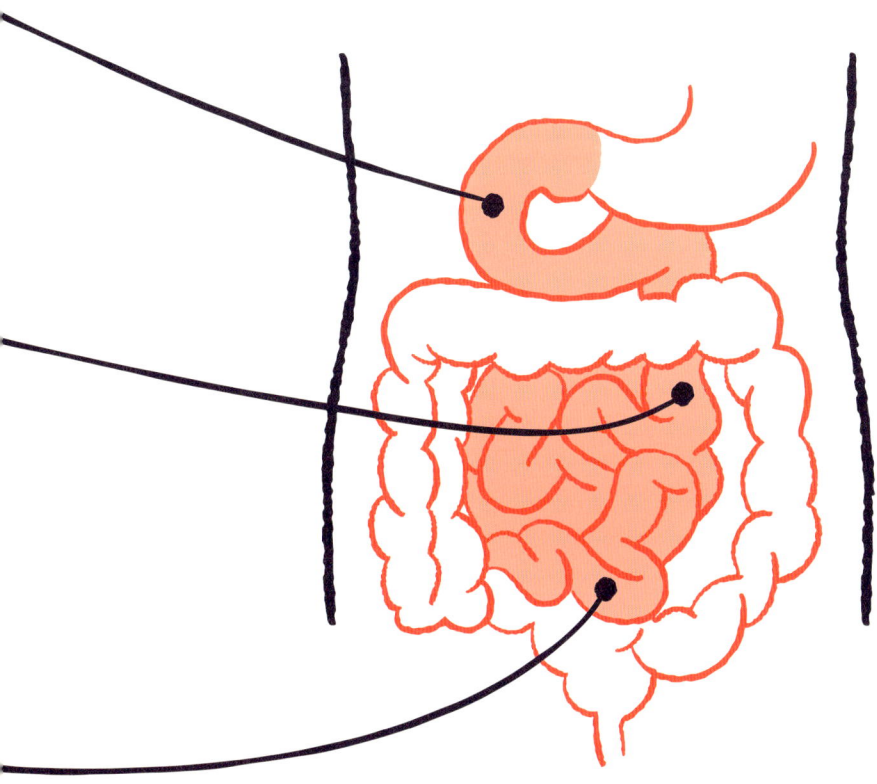

음식물에서 연료로

이제 음식물이 작은창자를 지나는 동안 무슨 일이 일어나는지 알았지? 하지만 음식물이 실제로 소화되는 과정은 다소 복잡해. 사람들의 생김새는 제각각이지만, 근육, 뼈, 지방 등 몸을 이루는 요소는 같은 것처럼 우리가 먹는 음식물도 동일한 분자들의 조합으로 이루어져 있지. 쿠키, 달걀, 치킨, 치즈 샌드위치를 비롯해 모든 음식물은 탄수화물과 단백질, 지방으로 이루어져 있지. 그런데 각각의 영양분이 우리 몸에 흡수되는 방법은 조금씩 달라.

당류

당류, 즉 탄수화물은 크게 단순 탄수화물과 복합 탄수화물로 나뉘어. 설탕은 단순 탄수화물이야. 파스타는 복합 탄수화물인데 분해되면 단순 탄수화물로 변해. 이 둘의 유일한 차이점은 흡수되는 데 걸리는 시간이야. 순수한 설탕 같은 단순 탄수화물은 우리 몸에 아주 빨리 흡수되는 반면, 복합 탄수화물은 작은 분자들로 분해되는 데 시간이 많이 걸려. 그리고 분해하는 데 단순 탄수화물보다 더 다양한 효소가 필요해. 그런데 사람이 소화할 수 없는 탄수화물도 있어. 혹시 똥에 옥수수알이 섞여 나오는 걸 본 적 있니? 옥수수알 껍질은 셀룰로스로 이루어져 있는데, 셀룰로스는 우리 몸이 소화할 수 없는 종류의 탄수화물이야. 옥수수알 속에 든 물질은 소화해 흡수할 수 있지만, 껍질은 소화되지 않고 밖으로 배출되지.

우리 몸에 들어온 탄수화물은 우리 몸이 흡수할 수 있는 포도당과 과당 같은 단당류로 최종 분해돼. 그리고 작은창자에서 수송 단백질을 통해 융털세포로 들어와. 수송 단백질은 세포벽을 지키는 문지기와 같아. 특정 분자만 식별해 세포벽을 통과하게 해 주지. 세포벽을 통과한 당류 분자는 세포 속에서 이리저리 떠다니다가 반대편 세포벽에 이르면 그것을 통과해 곧장 혈액 속으로 들어가.

설탕과 탄수화물의 차이

설탕과 탄수화물의 차이는 무엇일까? 슈퍼마켓에서는 그 답이 명백해 보여. 설탕은 설탕이지. 흰색일 수도 있고 갈색일 수도 있고, 봉지에 든 것이거나 상자에 든 것일 수도 있지만, 모두 똑같은 설탕이야. 탄수화물은 빵이나 파스타 같은 식품의 성분이야. 하지만 설탕과 탄수화물은 다소 헷갈리는 측면이 있어. 자세히 알아보자.

모든 설탕은 탄수화물(탄소와 수소, 산소로 이루어진 분자)이지만, 모든 탄수화물이 설탕은 아니야. 설탕은 탄수화물 중에서 자당이라는 이당류에 속해. 두 단당류 분자의 결합으로 이루어진 탄수화물이라는 뜻이야. 포도당이나 과당 같은 단당류처럼 자당도 단맛이 나는 분자로 물에 잘 녹아. 단당류와 다당류를 합쳐 단순 탄수화물이라고 불러. 단순 탄수화물은 우리 몸에 흡수되는 속도가 빠른 만큼 가장 빨리 에너지를 얻을 수 있지만 그것으로 끝이야. 다른 영양분은 전혀 없어. 그렇기 때문에 사탕과 탄산음료처럼 설탕이 많이 들어간 식품은 줄이는 게 건강에 좋아. 그렇다고 해서 아예 탄수화물을 섭취하지 말라는 뜻은 아니야.

복합 탄수화물은 우리가 섭취하는 음식물에서 중요한 부분을 차지해. 감자 같은 식품에서 섭취하는 녹말과 많은 식물에서 섭취할 수 있는 섬유질은 에너지뿐만 아니라 영양분도 제공해. 이 분자들은 단순 탄수화물 분자보다 훨씬 크기 때문에 소화하는 데 시간이 더 오래 걸리고, 우리 몸의 에너지 수준을 일정하게 유지하는 데 도움을 주지. 그러니 간식을 선택할 때, 쉽고 빠르게 당분만 섭취할 수 있는 사탕이나 과자보다 소화는 오래 걸리지만 균형 잡힌 에너지를 얻을 수 있는 고구마나 통밀빵을 고르는 게 좋아.

우유 섭취를 도와주는 돌연변이

사람이건 동물이건 새끼 포유류들은 어미의 젖을 빨아 영양분을 섭취해. 젖에는 젖당(유당)이라는 이당류가 풍부하게 들어 있지만, 이를 에너지로 쓰기 위해서는 락테이스라는 젖당 분해 효소가 필요해.

아기일 때에는 몸에서 락테이스가 많이 만들어지지만 5~10세가 되면 이 효소는 거의 안 만들어져. 다른 동물들도 똑같아. 어미의 젖을 떼어야 할 때가 되었다고 알려 주는 자연의 방식이지.

락테이스가 없으면 젖당은 소화되지 못하고 바로 큰창자로 가고, 그곳에서 세균이 젖당을 분해하면서 가스를 만들어 내지. 그러면 복부에 가스가 차 배가 부풀어 오르고, 꾸르륵 소리가 나며, 설사를 할 수도 있어. 젖당 못 견딤증(젖당 불내증)의 증상이지. 그런데 나이가 들어도 우유와 치즈를 아무 문제 없이 소화할 수 있는 사람이 있어. 그것은 돌연변이 때문이야.

인류가 처음 소를 기르기 시작할 무렵, 어떤 무리에 '나이가 들어도 락테이스 효소가 만들어지는' 돌연변이 유전자가 생겼어. 그들은 우유를 마셔도 배가 아프지 않았고 그 덕분에 다른 사람들에 비해 더 많은 에너지를 얻을 수 있었지.

이처럼 어떤 유전 형질이 생존에 유리하게 작용하면, 그 형질은 무수한 세대를 걸쳐 다른 사람들에게도 퍼지게 돼. 그래서 락테이스를 계속해서 생산하는 돌연변이 유전자를 가진 사람들도 점점 더 늘어나게 된 거야. 오늘날 유럽인은 대부분 평생 동안 락테이스가 계속 만들어지기 때문에 유제품을 아무 걱정 없이 마음껏 즐길 수 있어. 하지만 동양인 사이에서는 젖당 못 견딤증이 나타나는 비율이 상당히 높은 편이야. 그렇다고 해서 젖당을 전혀 소화시킬 수 없는 건 아니야. 요구르트와 치즈처럼 발효된 유제품을 섭취할 때에는 증상이 나타나지 않을 수도 있어.

단백질

창자벽에 늘어서 있는 융털은 음식물에서 분해된 단백질 분자도 흡수해. 단백질 소화의 첫 번째 단계는 위에서 시작되지만, 미즙에 포함된 단백질 조각들은 작은창자에서 추가로 분해되는 과정을 거치지. 먼저 단백질은 펩타이드라는 작은 조각으로 분해된 뒤, 그다음에는 아미노산이라는 분자로 분해돼.

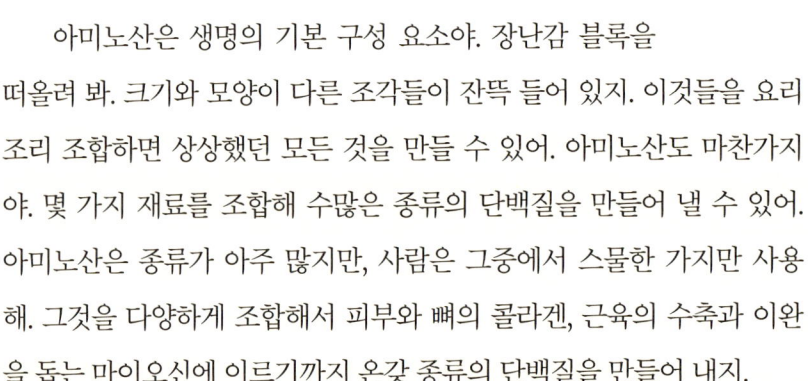

아미노산은 생명의 기본 구성 요소야. 장난감 블록을 떠올려 봐. 크기와 모양이 다른 조각들이 잔뜩 들어 있지. 이것들을 요리조리 조합하면 상상했던 모든 것을 만들 수 있어. 아미노산도 마찬가지야. 몇 가지 재료를 조합해 수많은 종류의 단백질을 만들어 낼 수 있어. 아미노산은 종류가 아주 많지만, 사람은 그중에서 스물한 가지만 사용해. 그것을 다양하게 조합해서 피부와 뼈의 콜라겐, 근육의 수축과 이완을 돕는 마이오신에 이르기까지 온갖 종류의 단백질을 만들어 내지.

지방

지방은 리페이스(지방 분해 효소)에 의해 분해되는데, 이렇게 분해된 지방은 단백질이나 탄수화물과는 다른 경로를 통해 몸에 흡수돼. 지방은 수송 단백질을 타고 세포 속으로 흡수되어 혈관 속으로 들어가지 않아. 기름과 지방이 소화되어 생긴 작은 분자들은 림프관이라는 특별한 종류의 혈관으로 들어가.

림프계는 혈액을 순환시키는 순환계와 여러모로 비슷해. 온몸에 뻗어 있는 관을 통해 혈액 못지않게 중요한 액체를 운반하고 있지. 투명한 이 액체를 림프라고 불러. 림프계는 다양한 분자를 실어 나르는 일종의 지하철 체계와 같은 역할을 해. 면역 세포가 붙잡은 세균이나 세포와 조직이 만들어 낸 각종 노폐물을 운반하기도 하지. 작은창자에서 흡수된 지방도 림프관을 통해 이동해. 지방 분자는 림프관의 종점에 이르러 마침내 혈액 속으로 들어가지. 혈액 속으로 들어간 지방은 우리 몸에 많은 에너지를 제공해. 같은 무게로 따질 때, 지방은 탄수화물이나 단백질보다 두 배 이상의 에너지를 내거든.

우리는 앞에서 효소가 음식물을 분해하여 연료로 바꾸는 소화 과정을 돕는다는 걸 배웠어. 그런데 우리 몸에서 소화 효소를 만들어 내는 기관들은 어디에 있을까? 정확히는 소화 기관이라고 할 수 없지만, 이것들이 없으면 소화가 불가능해. 그 기관들은 바로 간과 이자야.

비누와 쓸개즙의 공통점은 무엇일까?

간은 믿기 어려울 정도로 놀라운 기관이야. 적혈구를 만드는 것부터 비타민을 저장하고 호르몬을 만들기까지 수백 가지 기능을 수행해. 그중에서도 아주 중요한 임무 한 가지는 바로 쓸개즙을 만드는 거야.

쓸개즙은 아주 유용한 액체야. 간은 초록색과 갈색이 섞인 이 액체를 매일 약 0.5리터씩 만들어. 그리고 보관을 위해 이 액체를 다른 기관으로 보내는데, 그 기관이 바로 쓸개야. 쓸개즙의 구성 성분 중 약 97퍼센트는 물이야. 나머지 3퍼센트에 쓸개즙산(담즙산)을 비롯해 유용한 물질이 들어 있어.

쓸개즙은 우리가 매일 사용하는 물체와 똑같은 방식으로 작용해. 그

쓸개즙

물체가 무엇이냐고? 바로 비누야. 비누는 때를 작은 거품 속에 가둬서 우리 몸에서 때를 벗겨 내. 여기서 거품은 비누칠한 손을 비빌 때 생기는 비누 거품을 말하는 게 아니야. 맨눈으로는 보이지 않는 아주 작은 거품을 가리키지. 쓸개즙도 이와 비슷한 일을 하는 작은 거품을 만드는데, 이 거품을 마이셀이라고 해. 마이셀은 지방을 소화시키는 데 아주 유용한 역할을 해.

　기름과 물은 섞이지 않는다는 말을 들어 본 적 있지? 물에 기름을 떨어뜨리고 무슨 일이 일어나는지 관찰해 봐. 아마 층을 이루며 분리될 거야. 소화관은 물로 가득 차 있지만, 우리가 섭취한 기름과 지방은 물에 녹지 않아. 따라서 기름과 지방을 분해하려면 다른 방법을 써야 해. 쓸개즙 안에 들어 있는 쓸개즙산이 바로 그 일을 해.

　쓸개즙산은 유화라는 과정을 통해 기름과 지방과 잘 섞여. 그리고 작은 지방 방울을 붙잡아 마이셀 거품 안에 가두지. 그러면 지방 분자가 지방을 분해시키는 효소와 접촉하게 되는데, 그렇게 점점 더 작은 분자로 분해되다가 마침내 작은창자에 흡수되는 거야.

이자

이자는 위 뒤쪽에 숨어 있는 옥수수 모양의 작은 기관이야. 췌장이라고 부르기도 하지. 이자는 녹말과 단백질, 지방을 분해하는 온갖 종류의 효소를 만들어 내는 공장이라고 할 수 있어. 효소들은 미즙을 점점 더 작은 분자들로 분해하는데, 우리가 섭취한 음식물은 결국 작은창자에서 흡수될 수 있을 만큼 충분히 작은 화합물로 변하지. 이자는 이런 효소들이 포함된 소화액을 매일 약 1~2리터씩 만들어 오디 조임근을 통해 십이지장으로 보내지.

이자는 우리 몸의 혈당량 조절에 도움을 주는 호르몬도 만들어. 그 호르몬은 인슐린과 글루카곤이야. 우리가 섭취한 탄수화물이 어떻게 포도당 같은 당류로 변해 혈액으로 흡수되는지 기억하고 있니? 우리 몸은 이 과정을 통해 에너지를 얻어. 하지만 혈액 속에 포도당이 너무 많거나 너무 적으면 건강에 해로울 수 있어.

인슐린과 글루카곤은 서로 협력하면서 혈액 속에 포함된 당분의 양을 적절하게 조절하지. 혈당량이 너무 낮을 때에는 이자가 글루카곤을 만들어. 글루카곤은 저장된 당류를 포도당으로 바꾸라는 메시지를 간으로 보내. 포도당 함량이 증가하기 시작하면, 이자는 글루카곤 생산을 중단하고 이제 인슐린을 만들기 시작해. 인슐린은 간에 정반대의 메시지를 보내. "포도당 중 일부를 흡수해 나중에 쓸 수 있도록 따로 저장해."라고 지시하는 거야.

식곤증

음식을 많이 먹고 나서 몸이 나른해지고 주체할 수 없게 졸음이 쏟아진 적이 있지? 이런 '식곤증' 현상은 누구나 경험하지만, 과학자들은 정확한 원인을 놓고 아직도 논쟁을 벌이고 있어. 과학자들이 내놓은 설명 중 몇 가지를 소개할 테니 어떤 것이 가장 설득력이 있는지 생각해 봐.

- 음식을 먹고 나면 소화 과정을 돕기 위해 혈액이 소화계로 몰린다. 그러면 뇌로 가는 혈액이 줄어들어 급격한 피로를 느낀다.

- 다른 동물들처럼 배가 고플 때에는 먹이를 찾기 위해 정신이 또렷하다. 반면에 배불리 먹고 나면, 휴식을 취하면서 소화를 시켜야 하기 때문에 졸음이 온다. 이것은 먼 옛날에 우리 조상들이 사냥과 채집을 하면서 살아가던 시절에 생긴 적응 방식이 오늘날까지 남아 있는 것이다.

- 단백질이 많이 포함된 음식물에는 트립토판이라는 아미노산이 들어 있는데, 이 물질이 졸음을 유발한다.

- 점심 식사 후에 졸음이 오는 것은 소화와 아무 관련이 없다. 대신에 우리 몸의 에너지 활동이 자연적으로 낮아지는 때가 우연히도 오후 두 시 무렵이어서 졸음이 오는 것이다.

알레르기의 원인

줄줄 흐르는 콧물, 재채기, 심한 가려움 같은 알레르기 증상의 원인은 무엇일까? 코가 원인이라고 생각하기 쉽지만, 놀랍게도 그 원인은 다른 곳에 있는 경우가 많아.

어릴 때 우리 면역계는 식품을 맞서 싸워야 하는 침입자가 아니라 친숙한 이웃으로 인식하는 법을 배우지. 하지만 면역계 작용은 아주 복잡하기 때문에 이 학습 단계에서 뭔가가 잘못되면 무해한 식품 성분을 위험한 것으로 인식하는 일이 일어날 수 있어. 그래서 다음번에 그 식품을 만나면 면역계는 공격을 시작하고 그 결과가 알레르기 반응으로 나타나는 거야.

과학자들은 어릴 때 작은창자에서 제대로 소화되지 않은 음식물이 혈액이나 림프 속으로 들어가면 면역계가 그 식품을 위험한 것으로 인식할 수 있다고 생각해. 그렇다면 알레르기 반응을 일으킬 위험이 큰 식품에는 어떤 것들이 있을까? 우유, 달걀, 땅콩, 나무 견과류, 해산물, 갑각류, 콩, 밀 등이 있어.

그런데 알레르기처럼 보이는 것이 가끔은 단순히 특정 식품에 대한 못 견딤증(불내증)일 수도 있어. 혹은 완전히 다른 질병일 수도 있지. 그런 예로는 글루텐이 있어. 글루텐은 밀과 귀리 같은 곡물에 들어 있는 여러 가지 단백질을 뭉뚱그려 부르는 단어야. 글루텐은 반죽을 쫄깃하게 만들어 주지만, 일부 사람들에게 불쾌한 반응을 일으킬 수 있어. 물론 실제로 이것이 특정 단백질에 대한 알레르기 반응인 경우도 있어. 어떤 사람들은 글루텐에 대한 민감도가 높아. 그래서 글루텐을 섭취하면, 가스가 많이 발생해 배가 부풀어 오르고, 방귀가 많이 나오고, 여기저기 통증을 느끼는 등 불편한 반응을 보이지. 복강병에 걸린 사람은 증상이 훨씬 심각하게 나타나. 복강병은 작은창자 점막의 섬모가 없거나 변형되어 영양소를 잘 흡수할 수 없는 병을 말해. 복강병에 걸린 사람이 글루텐을 섭취하면, 면역계가 자신의 몸을 공격하기 시작하는데, 특히 창자벽이 주요 표적이 되지.

작은창자의 대청소 작업

작은창자 끝부분에 이르면 미즙은 이제 남은 것이 거의 없어. 사실, 작은창자는 아주 깨끗한 곳이야! 나는 운 좋게도 초소형 카메라를 삼켜서 소화 기관이 어떻게 생겼는지 볼 수 있었는데, 이 부분에는 떠다니는 점액 덩어리 외에는 거의 텅 비어 있는 것처럼 보였어. 그 이유는 작은창자가 스스로 깨끗이 청소하기 때문이야!

꿈틀 운동이 끝나고, 미즙이 거의 다 소화된 뒤에 작은창자에서는 일련의 강한 근육 수축이 시작돼. 작은창자 전체에 걸쳐 거대한 파동이 지나가면서 모든 것을 깨끗하게 청소하지. 이 파동은 남아 있는 물질이나 소화되지 않은 음식물 찌꺼기를 큰창자 쪽으로 밀어 보내. 소화계 여행의 종착지로 말이야.

5장 핵심 정리

- 작은창자는 **십이지장, 빈창자, 돌창자**의 세 부분으로 이루어져 있다.

- 작은창자의 벽은 **융털**이라는 손가락 모양의 돌기로 뒤덮여 있다. 융털은 소화된 음식물에서 영양분을 흡수한다.

- 음식물의 주요 영양소는 지방, 단백질, 탄수화물이다. 이 셋은 제각각의 방식으로 분해되어 몸에 흡수된다.

- 간에서는 지방을 분해하는 쓸개즙이 만들어진다.

- 이자에서는 음식물 분해를 돕는 소화 효소들이 만들어진다. 또한 소화 기관이 위산에 손상되는 것을 막기 위해 위산을 중화하는 탄산수소 나트륨을 십이지장으로 내보낸다.

- **림프관**은 침입자 세균과 노폐물을 쏟아 내고, 에너지를 제공하는 지방 분자를 운반한다.

- 작은창자는 강한 근육 수축 운동을 통해 스스로를 깨끗이 청소한다.

6장
창자 속 부지런한 일꾼

— 미생물총 —

혼자 있는 순간에도 우리는 결코 혼자가 아니야. 수많은 세균이 함께 살고 있거든! 이 세균들은 우리 몸속과 피부에 붙어 사는 수많은 미생물 무리인 미생물총의 일부야. 우리 몸에는 유익한 세균이 수천 종이나 살고 있고, 우리의 건강에 아주 중요해. 그래서 어떤 사람들은 미생물총을 뇌와 심장처럼 하나의 기관이라고 말하기도 해.

장내 미생물총

세균은 우리가 소화하지 못하는 일부 분자들을 소화할 수 있어. 따라서 이런 세균들이 소화 기관에 머물면 우리와 세균 모두에게 도움이 돼. 세균은 안락한 집과 맛있는 먹이를 얻을 수 있고, 우리는 세균이 만들어 내는 영양분과 에너지를 얻을 수 있지. 사실, 우리가 얻는 영양분 중 약 10퍼센트는 몸속에 사는 세균이 만든 거야. 우리의 충실한 조수들이 소화를 위해 하는 중요한 일은 세 가지가 있어.

- 우리 몸이 혼자서는 소화할 수 없는 탄수화물을 분해해 영양분으로 이용할 수 있게 해 준다.
- 우리에게 필요한 비타민을 만든다.
- 칼슘과 철 같은 무기 염류가 몸에 잘 흡수되도록 도와준다.

우리 몸속에 사는 세균 중 99퍼센트는 창자에 살고 있어. 그 수는 1000조 개가 넘고, 종 수는 수백 종이나 되지. 우리가 똥을 눌 때마다 이 소중한 친구들을 수없이 잃어. 한 번 누는 똥 속에 들어 있는 세균 수는 전 세계 인구보다 수백 배나 많아! 이렇게 많은 미생물이 포함된 똥은 오래전부터 자세히 연구되었고, 그 결과 놀라운 사실이 많이 발견되었어.

미생물이 실제로 하는 일을 더 자세히 알고 싶었던 과학자들은 한 가지 실험을 고안했어. 특별한 실험실 조건에서 생쥐를 기르며 생쥐의 몸에 붙어 사는 세균을 모두 없앴지. 소화를 도와주는 장내 세균이 없어지자, 이 생쥐들은 이전보다 말랐고, 체중을 유지하기 위해 보통 생쥐보다 더 많은 먹이를 먹어야 했어. 또한 평소에 장내 세균이 생산하던 비타민을 보충하기 위해 특별한 먹이를 먹여야만 했지.

또 창자벽의 융털 수도 훨씬 적었어. 그래서 음식물의 영양분을 흡수하는 기능도 떨어졌어. 그런데 그게 다가 아니야. 면역계도 약해졌고 행동에도 변화가 일어났어. 스트레스와 불안에 반응하는 방식이 보통 생쥐와 큰 차이가 있었지. 사회적 행동이 크게 떨어졌고, 친구를 사귀는 일에도 관심이 없었어. 그리고 신경성 틱처럼 자신의 몸을 반복적으로 핥았지. 그런데 여기서 놀라운 반전이 일어났어. 생쥐에게 결핍돼 있던 미생물을 공급하자, 이 모든 증상이 사라지고 정상으로 돌아간 거야!

> 미생물을 장착하지 않은 생쥐

미생물을 장착한 생쥐

미생물의 정체 파악하기

지난 수년 사이에 과학자들은 우리 몸속의 어느 장소에 어떤 종류의 미생균들이 얼마나 살고 있는지 파악하기 위해 새로운 도구를 개발했어. 이전에 미생물학자들은 실험실에서 배양하는 세균만 확인할 수 있었지. 똥에서 채취한 모든 세균을 배양한다고 상상해 봐. 실험실의 페트리 접시*는 따뜻하고 편안한 창자 속 환경과 큰 차이가 있기 때문에, 일부 세균만 제대로 자랄 수 있고, 나머지 종들은 확인조차 할 수 없어. 기술이 발달하면서 지금은 페트리 접시에서 세균을 배양하지 않더라도 몸속의 특정 장소에 어떤 종의 세균들이 살고 있는지 바로 알 수 있어.

이렇게 이전에 알려지지 않았던 미생물을 확인할 수 있게 되자, 2007년부터 인간 미생물총 프로젝트라는 거대한 연구가 시작되었어. 200명 이상이 실험 대상으로 자원하고 나서 수많은 시료를 제공했지. 입과 코, 피부, 그 밖의 장소에서 면봉으로 시료를 채취하고, 장내 미생물총을 파악하기 위해 대변도 채취했어. 그 결과, 과학자들은 놀랍도록 풍부한 미생물 생태계를 발견했지.

* 페트리 접시: 실험실에서 세균 배양에 쓰는 둥글고 납작한 접시.

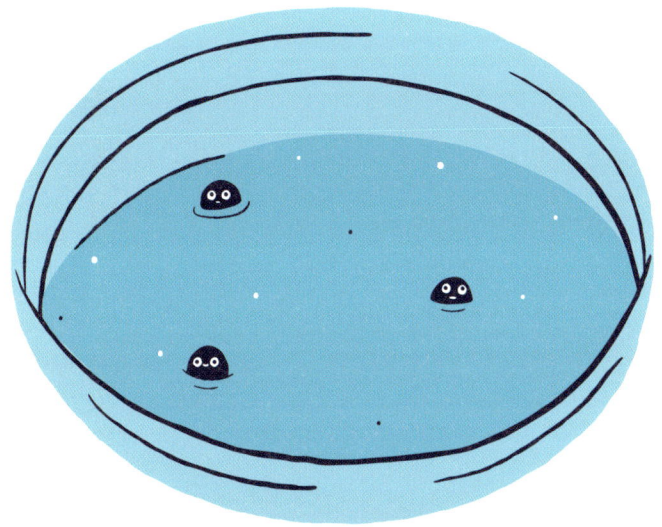

　연구 결과, 우리의 몸에는 저마다 다른 미생물 집단이 살고 있었어. 사람이 가진 미생물총 중에서 모든 이들이 공통적으로 갖고 있는 세균 종은 3분의 1정도밖에 안 돼. 저마다 지문처럼 독특한 미생물총을 가지고 있는 거야. 그런데 A라는 사람이 가진 세균과 B라는 사람이 가진 세균이 완전히 다르더라도, 그 세균들이 하는 일은 놀랍도록 비슷해! 즉, 음식물을 소화하고 해로운 병균을 물리치는 등 우리를 위해 똑같이 유익한 일을 하고 있어.

세균 친구와 함께 살아가기

몸속에 있는 많은 미생물은 우리의 오랜 친구야. 태어나는 순간부터 이미 우리는 다양한 세균 친구들과 함께 살아왔어. 내 몸에 어떤 세균 친구들이 살게 될지는 엄마 몸속에서 나올 때 어떤 길을 걸었느냐에 따라 달라져. 자연 분만으로 산도를 통해 나왔다면, 건강에 유익한 젖산균과 프레보텔라 세균이 많이 따라올 수 있어. 반면에 제왕 절개를 통해 태어났다면, 피부에서 흔히 발견되는 포도상 구균과 프로피오니박테리움 같은 세균이 따라올 수 있지. 곧이어 주변 환경과 갓난아기를 껴안고 만지는 사람들에게 노출되면서 더 다양한 세균을 만나게 되지. 분유와 이유식을 먹기 시작하면 몸속에 더 많은 세균 친구들이 합류하게 돼.

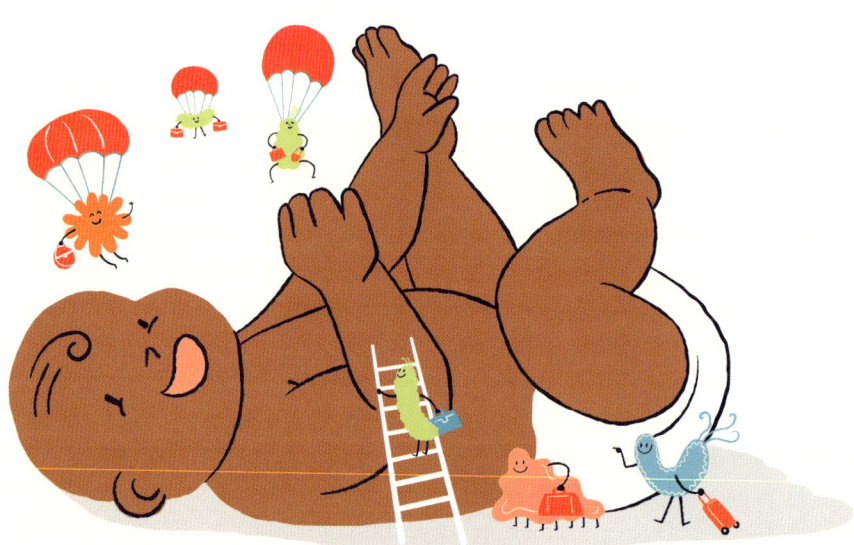

몸속에 처음 자리 잡은 미생물 중 대다수는 아기가 섭취한 젖을 최대한 이용할 수 있도록 도와줘. 아기가 자라면서 고형 식품을 먹기 시작하면, 과일과 채소의 섬유질, 고기의 단백질 같은 음식물 소화를 도와주는 세균 친구들이 더 생기지. 세 살 무렵이 되면, 장내 미생물총은 거의 어른과 같은 수준에 이르게 돼. 즉, 몸에 어떤 음식이 들어오더라도 처리할 수 있을 만큼 성장하지. 하지만 이렇게 일찍 모든 게 자리를 잡으면 나쁜 점도 있어. 이 시기에 훌륭한 장내 미생물총을 갖추지 못한다면, 평생 동안 건강 문제로 고생할 수 있거든.

제 시기에 다양한 세균을 만나 우리 몸에 유익한 미생물총을 갖춘다면 좋겠지만, 그러지 못하는 경우도 많아. 믿기 어렵겠지만, 너무 청결한 환경이 문제가 될 수 있어. 흙을 약간 먹거나 개에게 온몸을 핥이거나 밖에서 먼지를 뒤집어쓰며 놀거나 하는 이 모든 활동은 유익한 미생물과 접촉하는 기회를 늘리고, 이 미생물들이 우리 몸의 미생물 생태계에 합류할 수 있게 해. 면역계가 이로운 미생물과 해로운 미생물을 구분하는 법을 일찍 배우는 데에도 도움이 되지. 청결에 너무 신경 쓰다 보면 미생물 다양성을 잃을 뿐만 아니라, 면역계가 제대로 작동하지 못할 위험도 있어. 어릴 때, 심지어 생후 며칠 사이에도 미생물 다양성이 부족하면 자가 면역 질환이 생길 수 있어. 자가 면역 질환에 걸리면, 면역계가 병균과 싸우는 대신에 자기 몸의 세포를 침입자로 인식해서 공격해. 그래서 알레르기나 천식 같은 질병이 발생하지.

때로는 좋은 상태로 시작한 미생물총이 중간에 잘못될 수도 있어. 장내 미생물은 일반적으로 상당히 생존력이 강해.

자극적인 음식? 아무 문제도 되지 않아. 갑작스러운 설사? 별일 아니야. 일주일 동안 핫도그만 먹는다면? 충분히 버텨 낼 수 있어. 하지만 정말로 큰 사건은 따로 있어. 예컨대 항생제를 잘못 복용해서 수많은 장내 미생물을 싹 쓸어 버린다면 어떻게 될까? 한번 무너진 미생물의 균형과 다양성은 영영 회복되지 않을 수도 있어.

면역계에서도 한몫을 담당하는 미생물총

몸이 자람에 따라 창자의 표면적도 늘어나기 때문에 미생물이 살아가는 공간도 점점 넓어져. 이때 장내 미생물총은 단순히 소화를 도울 뿐만 아니라 우리 면역계에서도 중요한 역할을 해.

장내 미생물이 많을수록 병원균이 침입해 질병을 일으키기가 어려워. 우리 몸속에 살고 있는 미생물이 외부에서 침입한 미생물을 다양한 방법으로 물리치거든. 미생물 친구들이 병균으로부터 우리를 지켜 주는 한 가지 방법은 보호막을 형성하는 거야. 음식물 소화를 돕는 세균은 점액을 형성해 창자벽을 뒤덮음으로써 나쁜 세균을 물리적으로 차단하는 장벽이 되지. 또한 이 세균들은 면역계가 침입자와 맞서 싸울 때 사용하는 다양한 면역 세포를 만드는 데에도 도움을 줘. 그래서 몸속에 침입한 병균이 문제를 일으킬 때 병균을 물리치는 데에도 한몫을 담당하지.

악당 미생물

우리가 섭취하는 식품은 일반적으로 아주 안전해. 하지만 가끔 우리가 먹고 마시는 음식물을 통해 병원체가 침입할 수 있어. 만약 병원체가 우리 몸의 방어선을 다 뚫는다면, 구토와 설사처럼 불쾌한 증상이 나타날 수 있어. 음식물을 통해 침입하는 몇몇 악당 병원체를 살펴보자.

- **살모넬라균:** 이 세균은 날달걀이나 닭에 붙어 사는 경우가 많아. 이 세균이 몸에 들어오면, 3일 이내에 증상이 나타나. 복통과 설사, 구토를 유발하지.

- **캄필로박터균:** 닭과 우유, 진흙 웅덩이 등에서 발견돼. 이 세균은 며칠 동안 경련과 설사 증상을 일으킬 수 있어.

- **편모충:** 물에서 살아가는 이 기생충은 편모충증이라는 질병을 일으켜. 편모충증은 오염된 물과 음식을 먹을 때 감염돼. 2~6주일 동안 방귀와 설사가 계속 이어지지.

- **노로바이러스:** 사람들이 흔히 말하는 장염은 바로 '노로바이러스 장염'이야. 노로바이러스는 들불처럼 주변으로 확 퍼지고 증상이 아주 빨리 나타나. 다행히도 증상은 비교적 일찍 사라져. 하지만 적어도 몇 시간, 길게는 이틀 동안은 화장실에서 너무 멀리 떨어지지 않는 게 좋아.

참선 수행 중인 미생물 → 옴마니반메훔…

미생물은 심지어 우리의 기분에도 영향을 미쳐! 앞에서 소화 기관이 신경과 호르몬을 통해 뇌와 대화를 나눈다는 사실을 배웠어. 그런데 우리 몸에 사는 미생물이 이 대화에 영향을 미칠 수 있다고 해. 한 연구에서 건강한 자원자들을 두 집단으로 나눈 뒤, 한 집단에는 매일 비피도박테리움과 젖산균이 많이 든 우유와 요구르트를 주었어. 다른 집단에는 겉보기엔 같지만 실제로는 아무 효과가 없는 플라세보 우유와 요구르트를 주었지. 한 달 후에 확인한 결과, 해당 세균을 많이 섭취한 집단은 그러지 않은 집단보다 스트레스를 느낀 횟수가 더 적었고, 스트레스를 받을 때 나오는 코르티솔 호르몬 수치도 연구를 시작한 첫날보다 줄었어.

또 다른 실험은 중요한 시험을 앞두고 심한 스트레스를 받고 있는 학생들을 대상으로 실시했어. 두 집단으로 나눠 한쪽에는 젖산균을, 다른 한쪽에는 플라세보 젖산균을 주었지. 두 달 동안 매일 젖산균을 섭취한 학생들은 플라세보 젖산균을 섭취한 학생에 비해 시험 전날 측정한 코르티솔 수치가 훨씬 낮았어. 하지만 보고서는 어떤 실험군의 학생들이 더 좋은 점수를 얻었는지는 언급하지 않았어.

대변 이식

요구르트를 먹은 실험 참여자들은 미생물총 실험에 동원된 일부 생쥐보다 훨씬 운이 좋았어. 그 생쥐들은 똥을 한 입씩 삼켜야 했거든! 똥을 먹었을 때 생쥐의 미생불총에 어떤 변화가 생기는지 알아보기 위해서였지. 몹시 역겹게 들리긴 하지만, 이 실험은 A의 미생물총을 B에게 옮김으로써 B의 소화 기관을 A와 똑같이 작용하게 할 수 있다는 것을 보여 주었어!

　　2013년, 연구자들은 쌍둥이를 대상으로 실험을 했어. 한 명은 아주 말랐고, 다른 한 명은 매우 뚱뚱했어. 연구자들은 두 쌍둥이에게서 대변을 채취해 그것을 두 집단의 무균 생쥐에게 이식했지. 모든 생쥐는 똑같은 먹이를 먹었지만, 몇 주일이 지나자 마른 쌍둥이의 대변을 이식받은 생쥐들은 뚱뚱한 쌍둥이의 대변을 이식받은 생쥐들보다 체중이 덜 나가고 지방 조직도 더 적었어! 이 결과를 바탕으로 연구자들은 미생물총 요법으로 특정 질환이나 나쁜 건강 상태를 치료할 수 있을 거라 생각했어. 그래서 대변 이식이라는 치료법이 생겨났지. 하지만 똥이 약으로 쓰인 건 이게 처음은 아니야. 과거에도 여러 문화권에서 설사병을 치료하기 위해 똥을 사용했어. 심지어는 사람 똥뿐만 아니라 낙타 똥까지 사용했지.

　　설사는 대개 짧은 시간 안에 소화계를 거쳐 항문 밖으로 나가지만, 어떤 사람들은 설사가 그치지 않고 계속 이어져. 설사가 멈추지 않는 이유는 여러 가지가 있는데, 균형이 깨진 미생물총도 그중 하나야. 가장 치료하기 어려운 설사병 중 하나도 바로 이 불균형 때문에 발생하지. 대다수 소화 기관에는 클로스트리디움 디피실레라는 세균 집단이 자리를 잡고 살아가고 있어. 장내 미생물총은 이 세균 집단이 멋대로 불어나지 못하도록 억제하지. 그런데 우리의 미생물총이 항생제나 그 밖의 이유로 사라지거나 제 기능을 못 하게 되면 클로스트리디움 디피실레가 마구 불어나면서 독소를 분비해. 이런 종류의 감염은 아주 위험하고 심지어 치명적일 수 있는데,

기존의 방법으로는 치료가 불가능할 수도 있어. 그렇다면 이런 상황에서 의사는 어떻게 해야 할까? 여기에 대변 이식이 해결사 역할을 할 수 있어.

대변 미생물총 이식이라 부르는 이 과정은 건강한 사람으로부터 똥을 채취한 다음, 그것을 장에 문제가 있는 사람에게 이식하는 거야. 냉동 건조시킨 대변 알약을 삼키게 하거나, 스무디 상태로 만든 똥을 관을 통해 창자로 집어넣거나, 좋은 미생물이 가득 들어 있는 합성 대변 대용물을 먹이는 방법을 쓰지. 대변 미생물총 이식은 큰 인기를 끌어 지금은 대변 은행까지 생겼을 정도야! 건강한 사람에게서 채취한 혈액을 보관하는 혈액 은행과 마찬가지로, 대변 은행은 건강한 소화 기관을 가진 사람들에게서 채취한 대변 시료를 보관하고 있어. 가장 큰 대변 은행에는 수만 명의 제공자로부터 기증받은 똥이 보관돼 있어. 심지어 반려동물의 똥을 채취해 보관하는 동물 대변 은행도 있어.

대변 이식은 설사를 해결하는 데 놀라운 성공을 거두었어. 일부 임상 시험에서 클로스트리디움 디피실레 감염 환자 중 90퍼센트 이상이 치료 효과를 보았지. 심지어 어떤 사람들은 집에서 스스로 대변 미생물총 이식을 시도하기까지 했을 정도야. 하지만 이건 아주 위험한 생각이야. 대변 이식은 의사가 대변 은행을 이용해 아주 조심스럽게 시행해야 해. 자칫 잘못하면 제공자로부터 수용자에게 해로운 병원체가 옮겨질 수 있기 때문이야.

또한 의사들은 아직 대변 미생물총 이식이 장기적으로 안전한 치료 방법인지 확신하지 못하고 있어. 일부 특이한 부작용도 관찰되었어. 생쥐를 대상으로 한 실험에서와 마찬가지로 과체중 제공자의 대변을 이식받은 사람들의 체중이 늘었다는 보고가 있었고, 또 이식을 받은 뒤에 미각이 변한 사례도 있었어. 이 실험 결과는 뜻밖에도 대변 이식이 단지 설사뿐만 아니라 다른 치료에도 유용하게 쓰일 가능성을 알려 줘. 언젠가 비만에서부터 스트레스에 이르기까지 다양한 분야의 치료에 쓰일 날이 올 거야!

미생물총 돌보기

이렇게 중요한 역할을 하는 우리의 미생물총을 어떻게 먹이고 돌봐야 할까? 우선 우리의 소화 기관에서 다양한 미생물들이 살아갈 수 있도록 균형 잡힌 식사를 하는 게 중요해. 특히 식물 식품을 많이 섭취하는 게 좋아. 섬유질이 많이 포함된 과일과 채소, 통곡물은 장내 미생물이 특히 좋아하는 식품들이야. 또, 장내 미생물은 폴리페놀이라는 분자도 좋아하는데, 이 분자는 엑스트라 버진 올리브유, 다크초콜릿, 블루베리 등에 들어 있어. 발효 식품도 훌륭한 선택이야. 요구르트와 김치, 청국장과 된장에는 이로운 젖산균이 많이 들어 있어. 마지막으로 원재료가 많이 가공된 식품은 피하는 게 좋아. 원재료명에 알 수 없는 단어들이 많이 포함된 식품들이 그런 가공 식품이야. 마트에서 파는 빵이나 과자, 라면 같은 가공 식품은 열량은 높지만 불필요한 나트륨과 당류, 지방이 많이 들어 있어.

프로바이오틱스와 프리바이오틱스 그리고 항생제

프로바이오틱스는 살아 있고 우리 건강에 유익한 세균을 말해. 프로바이오틱스는 많은 형태가 있지만, 대개 요구르트 같은 식품이나 비피두스균을 가득 채운 캡슐 형태로 판매되고 있어. 이런 방식으로 이로운 세균을 추가로 공급하면, 장내 세균의 효과를 더 확실히 누릴 수 있다는 게 프로바이오틱스를 옹호하는 사람들의 주장이야. 음식물 소화를 돕고, 다른 병균으로부터 소화 기관을 안전하게 지키고, 설사를 방지하는 등의 효과가 있지.

하지만 프로바이오틱스는 아직 불확실한 점이 많아. 과학자들은 프로바이오틱스가 정확하게 어떻게 작용하는지, 그리고 특정 과제를 해결하는 데 어떤 세균이 가장 적합한지 알아내기 위해 노력하고 있어. 그리고 의학계는 프로바이오틱스가 얼마나 안전한지 연구하고 있지. 하지만 사실 사람들은 수천 년 전부터 식품을 통해 프로바이오틱스를 섭취해 왔어. 요구르트와 김치, 간장 같은 발효 식품은 아주 오래전부터 우리의 소화 기관에 이로운 세균을 공급해 왔지.

프로바이오틱스와 달리 프리바이오틱스는 세균이 아니야. 대신에 프로바이오틱스 세균이 잘 자라도록 돕는 식품이야. 그러니까 프리바이오틱스는 장내 미생물총을 위한 먹이라고 할 수 있어. 창자에 사는 이로운 세균에게 맛있는 먹이를 주어 잘 성장하고 번식할 수 있도록 도와주는 거지. 장내 세균은 섬유질을 좋아하기 때문에 프로바이오틱스 세균의 성장을 도우려면 채소를 많이 섭취하는 게 좋아. 섬유질은 양배추, 고구마, 미역 같은 식품에 많이 들어 있어. 당근, 콩, 버섯도 좋은 프리바이오틱스 식품이야.

항생제는 프로바이오틱스와 프리바이오틱스하고는 반대되는 종류의 물질이야. 항생제는 세균을 죽이는 의약품이야. 항생제는 인류의 역사에서 큰 역할을 했어. 80여 년 전부터 사용되기 시작한 항생제는 위험한 세균 감염을 치료함으로써 수백만 명의 목숨을 구했지. 하지만 항생제가 해가 될 때도 있어. 항생제는 나쁜 세균뿐만 아니라 좋은 세균까지 죽이는 경우가 많아. 이 때문에 일시적으로 설사가 생길 수 있어. 만약 장내 세균이 이전 상태로 회복되지 않는다면, 클로스트리디움 디피실레 감염처럼 심각한 질병에 걸릴 수도 있지. 빈대 잡으려다 초가삼간을 다 태우는 꼴이지.

항생제 내성

병원체는 매우 영리한 녀석이야. 항생제의 공격에 순순히 당하고만 있지 않아. 반격도 할 수 있어. 우리 몸속에 있는 수많은 세균 중에서 단 하나만이라도 항생제 공격을 버텨 낼 수 있다면, 그것은 살아남아서 다음 세대에 그 저항 능력을 물려줘. 그러면 얼마 지나지 않아 단순한 감염 질병이었던 것이 치료할 수 없는 질병으로 변하게 되지. 이를 항생제 내성이 생겼다고 말해. 항생제를 반복적으로 복용하면 이러한 항생제 내성이 생기게 돼. 항생제 내성 문제는 오늘날 의학계에서 아주 심각한 위험이야. 과학자들은 현재의 항생제가 효과가 떨어지기 전에 새로운 항생제를 발견하려고 시간과 다투며 노력하고 있지. 그러니 꼭 필요한 경우가 아니라면, 항생제를 사용하지 않는 게 좋아.

6장 핵심 정리

- 우리의 소화 기관에는 음식물 소화를 돕고 **면역계**를 지원하는 세균이 수백 종이나 살고 있다.

- 우리가 태어나는 순간부터 온갖 세균들이 우리 몸에 들어와 자리를 잡기 시작한다. 우리 몸에 다양한 미생물이 갖춰질수록 건강에 더 좋다!

- 손가락의 지문처럼 사람은 저마다 고유한 **미생물총**을 갖고 있다.

- 우리 몸에 붙어 사는 세균들은 기분에도 영향을 미칠 수 있다!

- 의사들은 소화 기관에 문제가 있는 사람을 치료하기 위해 튼튼한 미생물총을 가진 사람의 대변을 환자에게 옮기는 **대변 미생물총 이식**을 사용한다.

- **프리바이오틱스**와 **프로바이오틱스**를 섭취하면 우리의 소화 기관에 이로운 세균을 많이 공급할 수 있다.

7장
꿈틀 운동과 똥

— 큰창자 —

큰창자는 똥을 만드는 공장이야. 이곳에서는 매일 약 0.5킬로그램의 똥이 만들어지지. 대변, 인분, 응가를 비롯해 뭐라고 부르건, 이것이 만들어지는 장소는 바로 큰창자야. 하지만 우리가 섭취한 음식물이 똥으로 변하기 전에 큰창자가 손봐 줘야 할 일이 몇 가지 있어.

큰창자가 하는 여러 가지 일

큰창자의 길이는 약 1.5미터로, 작은창자보다 짧아. 그런데 왜 큰창자라고 부를까? 큰창자는 길이가 아니라 지름이 더 커서 붙은 이름이야. 미즙에서 남은 물질이 소화계 여행의 종착역인 큰창자에 도착할 무렵엔 대부분의 영양분과 수분이 이미 몸속에 흡수된 상태야. 그렇다면 이 짧은 마지막 구간의 창자에서는 어떤 일이 일어날까?

우선 큰창자는 미처 다 소화되지 않은 채 작은창자를 통과한 음식물을 처리해. 예컨대 식이 섬유를 포함해 일부 탄수화물은 소화액의 효소만으로는 완전히 소화되지 않아. 큰창자는 스스로 소화액을 만들진 않지만 장내 미생물총의 도움으로 식이 섬유를 분해할 수 있어. 이 이로운 세균들의 도움으로 분해되어 생긴 영양분과 비타민은 창자벽에 있는 세포들을 통해 흡수돼.

큰창자의 창자벽을 뒤덮고 있는 세포들은 작은창자의 융털과는 정반대의 모양을 하고 있어. 작은창자의 창자벽을 빽빽이 채운 융털은 바깥쪽을 향해 돌기 모양으로 튀어나온 반면, 큰창자의 창자벽은 안쪽으로 움푹 들어간 창자벽세포들로 뒤덮여 있지.

쓸모없는 막창자꼬리?

큰창자에는 왜 있는지 알 수 없는 부위가 하나 있어. 바로 막창자꼬리야. 막창자꼬리는 영어로 appendix라고 해. appendix는 원래 '부록'이란 뜻이야. 부록이란, 본문이 끝난 뒤에 추가 정보를 따로 실어 놓은 것으로, 독자의 판단에 따라 읽어도 되고 읽지 않아도 되는 내용이야.

우리 소화관에도 부록에 해당하는 막창자꼬리가 있어. 작은창자에서 큰창자로 넘어가는 부분에 주머니 모양의 막창자(맹장)가 있는데, 막창자꼬리는 이 끝에 붙어 있는 가느다란 관 모양의 돌기를 말해. 길이는 10센티미터쯤 돼. 영어로 '부록'이란 뜻의 이름이 붙은 것은 과학자들이 막창자꼬리가 무슨 일을 하는지 알지 못했기 때문이야. 막창자꼬리는 염증이 생겨 제거해야 할 때에만 눈길을 끌 뿐, 아무 쓸모도 없는 기관처럼 보였지.

하지만 막창자꼬리가 아주 유용한 일을 할지도 모른다는 사실이 드러났어. 과학자들은 막창자꼬리가 이로운 세균을 저장하는 창고 역할을 할 것이라 추측하고 있어. 무슨 일이 생겨 장내 미생물총이 크게 손상된다면, 막창자꼬리에 보관된 세균들이 미생물총을 복구하는 씨앗이 될 수 있거든.

큰창자는 이 문장의 마침표만 한 면적에 약 100개나 되는 창자벽세포가 있어. 큰창자 전체에는 이렇게 움푹한 구멍이 약 1000만 개나 있는 셈이야. 창자벽세포는 큰창자의 한 부분인 잘록창자가 하는 일을 돕는데, 남은 찌꺼기를 이동시키고 거기서 수분을 빨아들이지.

　큰창자는 하루에 두 번씩 큰 꿈틀 운동을 하면서 이제 원래의 모습을 전혀 알아볼 수 없게 변한 음식물 찌꺼기를 출구 가까이로 밀어내. 꿈틀 운동을 통해 음식물 찌꺼기는 느리지만 꾸준히 출구를 향해 나아가. 똥이 생기고 배출되기까지는 열두 시간에서 며칠까지 걸릴 수 있어. 그 과정에서 방향도 여러 번 틀어야 해. 똥은 큰창자의 경로를 따라 처음에는 위로 올라가다가 꼭대기 부분에서 한동안 직선으로 나아간 뒤 아래로 방향을 틀지. 이러한 모퉁이들을 지나가려면 강한 꿈틀 운동의 도움이 있어야 해. 수백만 개의 창자벽세포가 만들어 내는 점액이 창자벽을 미끄럽게 해 똥의 이동을 도와주지. 그리고 점액도 결국 똥과 합쳐져 항문으로 배출돼.

가끔 음식을 먹은 지 얼마 지나지 않았는데도 갑자기 똥이 마려운 이유는 무엇일까? 그건 바로 급작스러운 꿈틀 운동 때문이야. 특히 과식을 하거나 지방질이 풍부한 음식을 먹으면 큰창자가 자극을 받아 꿈틀 운동을 시작하면서 똥을 밀어내. 큰창자는 똥을 반대 방향으로 밀어 올리기도 하는데, 당장 화장실로 갈 수 없는 상황에서는 큰 도움이 되지.

큰창자는 건조기 역할도 해. 각각의 창자벽세포가 미즙에 남아 있는 물을 쭉쭉 빨아들이지. 미즙이 똥으로 변하는 마법의 순간이야. 미즙이 큰창자로 막 들어와 움직이기 시작할 때에는 전혀 똥처럼 보이지 않아. 맑은 액체에 과일과 채소 섬유질처럼 소화되지 않은 찌꺼기가 떠다니고 있을 거야. 하지만 큰창자를 지나는 동안 물이 점점 더 많이 흡수되면서 그것은 딱딱하게 굳어지기 시작해. 점액이나 죽은 세균들이 섞이면서 결국 우리에게 익숙한 똥의 모습으로 변하지. 그런데 가끔 이 건조 과정이 순조롭게 진행되지 않을 때가 있어. 그러면 어떤 일이 벌어질까? 지긋지긋한 설사가 시작되는 거지.

똥은 왜 갈색이고 냄새가 고약할까?

똥이 뭉쳐지기 시작하면, 특유의 갈색이 더욱 두드러지게 나타나. 이 멋진 색은 빌리루빈이라는 노르스름한 색소 물질 때문에 나타나는 거야. 빌리루빈은 간에서 만들어지는데, 보기 흉한 멍의 노란색도 바로 빌리루빈 때문이야. 빌리루빈은 쓸개즙의 주요 색소 성분이기도 해. 쓸개즙은 작은창자를 여행할 때 만난 기억이 있지? 큰창자에서는 세균이 빌리루빈을 분해해 그 노르스름한 색을 더 진한 갈색으로 바꾸지.

똥은 대개 갈색이지만, 사실은 온갖 색의 똥이 다 생길 수 있어. 빨간색 토마토나 파란색 탄산음료처럼 밝은 색을 띤 음식물이 똥의 색에 영향을 줄 수 있고, 배탈이 났을 때 흔히 복용하는 분홍색 알약은 똥의 색을 검은색으로 바꾸는 부작용이 있어!

갓난아기가 태어난 뒤에 먹은 것 없이 처음 누는 똥은 대개 암녹색 또는 검은색이야. 이 똥은 아주 특별하여 태변이라는 이름까지 붙어 있어. 태변에는 점액과 태아를 둘러싼 양수, 심지어 털까지 자궁에서 섭취한 모든 것이 포함돼 있어. 웬 털이냐고? 태아의 몸은 부드러운 솜털로 뒤덮여 있는데, 이것이 창자까지 들어간 거야! 이 첫 번째 똥은 우리가 평생 동안 누는 일반 똥과는 달리 질감이 끈적끈적하고 냄새가 전혀 없어.

태어난 지 몇 시간 후, 우리의 창자에 소화를 돕는 세균들이 자리를 잡게 되면 그때부터 똥에서 고약한 냄새가 나기 시작하지. 큰창자의 세균이 미즙을 분해할 때 악취를 풍기는 분자들을 만들어 내기 때문이야. 기이하게도 이 악취 화합물들은 소량만 있을 때에는 냄새가 좋아. 그래서 심지어 향수를 만드는 데에도 쓰여! 하지만 많은 양이 모이면 특유의 똥 냄새를 풍기지. 똥 냄새를 만드는 데 관여하는 분자들은 그 밖에도 많아.

과학자들은 실험실에서 이 물질들을 일일이 분리해 순수한 액체 상태로 추출한 뒤 최악의 향수를 만들었지. 합성 똥 냄새를 말이야. 왜 그런 것을 만드느냐고? 가짜 똥 냄새는 똥 냄새를 가릴 목적으로 개발한 위생 시설이나 제품을 테스트할 때 아주 유용하거든. 아무래도 진짜 똥을 사용하기보단 합성 똥 냄새를 사용하는 게 낫지 않겠어? 그리고 과학자들은 여러 가지 물질을 섞어 실험한 결과, 한 가지 분명한 사실을 알아냈어. 우리가 먹는 음식물이 똥 냄새에 약간의 변화를 가져올 수는 있어도 똥 냄새를 향기롭게 만들 수는 없다는 걸 말이야.

출구를 향하여

이제 배달 준비가 끝난 똥은 큰창자의 맨 끝부분을 향해 나아가. 곧창자라 부르는 이 방은 똥과 방귀를 위한 일종의 대기실이야. 하루에 몇 차례씩 잘록창자는 곧창자로 똥을 밀어 보내. 고체와 액체와 기체로 이루어진 배설물이 이 특별한 장소로 들어가지.

곧창자에서는 아주 중요한 두 근육이 협력해 우리가 준비될 때까지 똥을 곧창자에 머물러 있게 해. 안쪽 항문 조임근은 곧창자가 가득 찼는지를 파악해. 대기실이 가득 차면, 이 원형의 근육이 이완되면서 "이제 시간이 됐어. 똥을 내보내야 해."라는 메시지를 뇌로 보내지. 바깥쪽 항

　문 조임근은 화장실에 도착할 때까지 똥을 나가지 못하게 억누르는 근육이야. 안쪽 항문 조임근과 달리 이 근육은 자신의 의지로 통제할 수 있어. 그래서 우리가 변기에 앉을 때까지 출구를 닫힌 상태로 유지할 수 있어.

　근육들이 하는 일도 매우 인상적이지만, 더욱 놀라운 것은 우리 몸이 똥과 방귀의 차이를 구별하는 능력이야. 똥이나 방귀가 곧창자로 내려오면 창자벽이 늘어나면서 신경을 자극해. 그때 우리는 직감적으로 그게 무엇인지 알아챌 수 있어. 작게 '뽕' 하고 내보낼 수 있는지 아니면 화장실로 달려가야 하는지 판단을 내리지. 어떻게 그럴 수 있을까? 곧창자벽에는 특별한 감각 세포들이 늘어서 있어. 이 세포들이 대기실에 있는 게 무엇인지 뇌로 정보를 보내기 때문에 이게 똥인지 방귀인지 판단할 수 있는 거야.

　똥을 누는 일을 돕는 것은 뇌뿐만이 아니야. 폐도 거들어! 똥을 내보

내려고 힘을 줄 때 우리는 기도를 닫고 숨을 내뱉어. 그러면 가로막이 소화관을 누르면서 소화관 속 물질을 밀어 보내는 데 도움을 줘. 그리고 결정적인 순간에 힘을 주면서 똥을 내보내지. 똥은 초속 약 2센티미터의 속도로 밖으로 나와!

　똥을 잘 싸는 비법도 잠깐 알아볼까? 첫째, 물을 많이 마셔. 물을 마시면 위장을 자극해 소화가 잘 일어나고, 똥이 딱딱해지는 걸 막아 부드러운 똥을 쌀 수 있어. 둘째, 균형 잡힌 식사를 하도록 노력해. 프로바이오틱스가 많이 들어간 요거트, 김치, 된장 같은 발효 식품과 섬유질이 풍부한 야채를 먹으면 장내 미생물이 풍부해져 변비를 예방할 수 있어. 셋째, 매일 가벼운 운동을 하는 거야. 걷기나 조깅은 장운동을 활발하게 하는 효과가 있어. 반신욕도 복부의 혈액 순환을 도와 장운동을 자극하지.

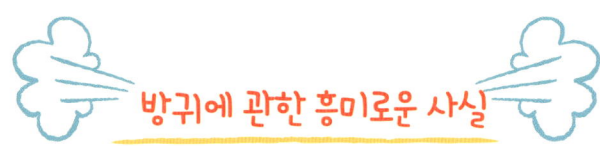
방귀에 관한 흥미로운 사실

믿기 힘들겠지만, 방귀만 전문적으로 연구하는 학문이 따로 있어. 방귀학은 주로 고창* 문제를 다루지. 일부 용감한 과학자들은 방귀를 주제로 온갖 기묘한 실험을 했고, 흥미진진하면서도 역겨운 사실들을 발견했어.

우리가 평균적으로 하루에 열 번에서 스무 번 방귀를 뀐다는 사실을 알고 있니? 그 가스 중 대부분은 창자에 사는 세균이 만들어 내. 물론 입을 통해 삼킨 공기 중 트림으로 빠져나가지 못한 것도 방귀가 될 수 있어.

수소와 메탄, 이산화 탄소 등 방귀를 이루는 대부분의 기체에는 냄새가 없어. 방귀를 이루는 성분 중 악취를 풍기는 분자는 1퍼센트 정도밖에 안 돼. 그중 대부분은 창자에 사는 세균이 만들어 낸 황 화합물이야. 사람마다 창자에 사는 세균 집단의 종류가 조금씩 다르고, 섭취한 음식물에 따라 만들어지는 기체도 달라져. 그래서 먹는 음식물이 바뀌면 방귀 냄새도 달라지지. 방귀를 잘 만드는 식품에는 콩, 방울다다기양배추, 양파, 유제품 등이 있어. 우리는 자신의 방귀 냄새에 금방 익숙해지기 때문에 자신이 뀐 방귀에는 대체로 무덤덤한 반응을 보여.

소리 없이 지독한 악취를 풍기는 것에서부터 대포 소리 같은 것에 이르기까지 방귀의 소리는 아주 다양해. 항문 조임근을 얼마나 세게 조이느냐, 얼마나 빠른 속도와 힘으로 뀌느냐에 따라 방귀 소리의 크기와 높낮이가 달라져. 방귀를 뀌는 사람의 덩치도 방귀 소리에 영향을 미치지. 또

* 고창: 위와 창자에 가스가 차서 배가 불룩해지는 병.

하루 중 맨 처음 뀌는 방귀가 대개 가장 소리가 큰데, 잠자는 사이에 축적된 가스가 한꺼번에 배출되기 때문이야.

1형
구슬처럼 작고 단단한 덩어리로, 싸기 어려움.

2형
크기는 보통이지만, 표면이 울퉁불퉁함.

3형
부드럽지만 여기저기 갈라진 금과 틈이 있음.

4형
뚱뚱한 민달팽이처럼 부드럽고 연함.

5형
솜털로 덮인 작은 덩어리 모양.

6형
으깬 감자처럼 끈적끈적한 곤죽 상태.

7형
액체 상태로, 건더기가 전혀 없음.

웜뱃 똥

놀랍게도 사람과 그 밖의 포유류는 창자 길이에 상관없이 똥을 내보내는 데 약 12초가 걸려. 코끼리의 창자는 고양이보다 열 배나 길지만, 똥을 누는 데 걸리는 시간은 거의 같아. 똥의 모양은 큰창자에 머문 시간에 따라 달라져. 과학자들은 똥 굳기와 형태에 따라 똥을 분류해 숫자로 등급을 매겼어.

브리스틀 대변 분류 체계는 1부터 7까지의 숫자로 똥에 등급을 매기는데, 조약돌처럼 작고 단단한 똥은 1이고, 물에 가까운 설사는 7이야. 대다수 사람들이 누는 똥의 등급은 3과 4야. 질감이 부드럽고, 모양은 소시지처럼 생긴 똥이지. 반면에 웜뱃의 똥은 이 분류 체계에 속하지 않는데, 정육면체 모양의 똥을 누기 때문이야. 세상에서 정육면체 모양의 똥을 누는 동물은 웜뱃밖에 없어. 이 사랑스러운 동물은 큰창자가 아주 특이하게 생겼어. 큰창자에 기다란 홈이 2개 나 있는데, 똥이 지나갈 때 이 홈들이 늘어나면서 똥을 정육면체 모양으로 만드는 것으로 보여.

동물 똥 이야기가 나왔으니 하는 말인데, 나무늘보는 행동뿐만 아니라 소화 과정도 엄청 느려. 한 끼 식사를 완전히 소화하는 데 한 달이나 걸리고 똥은 일주일에 한 번밖에 누지 않아. 나무늘보에게 똥을 누는 건 아주 엄청난 일이야. 나무늘보가 한 번에 누는 똥의 양은 체중의 약 3분의 1에 해당할 정도로 많아.

나무늘보가 똥을 누고 배가 홀쭉해진 걸 본 사람도 있다고 해. 다행히 나무늘보가 나무 위에서 똥을 누진 않기 때문에 열대 우림을 지나가다가 혹시라도 똥이 떨어지지 않을까 하는 걱정은 하지 않아도 돼. 나무늘보는 나무 아래로 아주 천천히 기어 내려와 '똥 춤'을 추면서 작은 구멍을 파고는 조심스럽게 거기다가 자신의 똥을 묻어.

똥의 여러 가지 용도

고생 끝에 만들어진 똥이 변기에 떨어지고 나면 이제 모든 이야기가 끝났겠구나 하고 생각하기 쉬워. 우리가 씹고 삼키고 뒤섞고 소화시킨 물질은 며칠 동안 소화계에서 머물다가 밖으로 나오지. 아무 쓸모도 없어 보이지만, 과학자들은 똥의 온갖 용도를 발견하고 있어!

선사 시대 이래로 사람들은 사람 똥, 동물 똥을 가리지 않고 마른 똥을 연료로 사용해 왔어. 그런데 이 과정에서 오염 물질이 많이 생기는 단점이 있었지. 오늘날 과학자들은 똥을 훨씬 깨끗한 에너지원으로 바꾸어 사용하는 방법을 생각해 냈어. 바로 똥을 바이오 가스로 바꾸어 연료로 사용하는 거야. 이 과정에는 세균의 도움이 필요해.

똥은 세균이 들어 있는 거대한 탱크에 들어가. 이 세균들이 똥을 메탄과 이산화 탄소 기체로 분해하지. 이렇게 만든 바이오 가스는 곧바로 연료로 사용할 수도 있고, 다른 종류의 에너지로 바꿀 수도 있어. 바이오 가스는 천연가스와 성분이 비슷하기 때문에, 바이오 가스를 농축해 자동차 연료로 쓰거나 그것으로 전기를 만들어 집이나 농장에 공급할 수 있어. 혹은 그렇게 만든 전기를 전력망으로 보내 필요한 사람들이 사용하게 할 수도 있지.

NASA(미국 국립 항공 우주국)는 똥을 로켓 연료로 활용하는 방법을 연구하고 있어. 지금은 우주 정거장과 우주 왕복선에서 똥을 저장해 두었다가 통이 가득 차면 그냥 우주 공간으로 내다 버려. 외계인이 인간을 처음 만나러 왔을 때 똥이 얼굴로 날아온다면, 어떻게 생각할지 상상해 봐!

앞으로 미래의 우주 비행사들은 이곳 지구에서 바이오 가스를 만드는 것과 같은 과정을 사용해 지구로 돌아오는 연료를 만들 수 있을지도 몰라. 어쩌면 일주일에 한 사람당 약 300리터의 로켓 연료를 만들 수 있을 거야!

심지어 똥을 깨끗한 식수로 만들 수도 있어. 빌 게이츠 재단에서 만든 옴니 프로세서는 단지 오물을 식수로 바꿀 뿐만 아니라, 똥에서 나오는 에너지를 사용해 작동하기까지 해. 옴니 프로세서에 집어넣은 똥이 첫 번째로 들르는 곳은 건조실이야. 말라 가는 똥에서 증발한 수증기를 모아 응축기와 여과 장치를 통과시키면 수증기가 깨끗한 식수로 변하지. 한편, 말린 똥은 연료로 태워 거기서 발생하는 에너지로 전체 장치를 돌아가게 할 수 있어.

큰창자 125

우주의 똥

특수한 상황에서는 똥을 누기가 아주 어려울 수 있어. 예컨대 우주 공간에서 똥을 눈다고 상상해 봐. 최초의 우주 비행들은 불과 수십 분에 불과할 정도로 짧았기 때문에 NASA의 공학자들은 인간의 노폐물을 어떻게 처리해야 할지 별로 깊이 생각하지 않았어. 비행시간이 점점 더 길어지자 NASA는 해결책을 내놓았지만, 그건 사실상 배설물을 담는 주머니에 불과했어. 끈끈한 접착제를 사용해 우주 비행사의 엉덩이에 배변 주머니를 붙였지만 사고를 피할 수는 없었어. 아폴로 10호가 달에서 돌아올 때, 주머니에서 빠져나온 똥 덩어리 하나가 선실 내부에 둥둥 떠다녔지. 세 우주 비행사는 "그런 눈으로 날 쳐다보지 마! 저건 내 게 아니라고!"라는 농담을 주고받았어.

결국 NASA 공학자들은 우주 왕복선이나 국제 우주 정거장에서 용변을 보기 쉽게 해 주는 변기를 개발했어. 우주 비행사들이 받는 훈련 중에는 이 특별한 변기 사용법을 익히는 과정도 들어 있어. 그런데 오랫동안 우주 산책에 나서 우주복 안에다 똥을 누어야 한다면 어떻게 해야 할까? 현재 우주 비행사들은 최고급 기저귀를 착용하지만, 얼마 전에 NASA는 더 나은 아이디어를 얻기 위해 '우주 똥 챌린지'를 개최했어. 전 세계에서 많은 사람들이 오천 가지 이상의 아이디어를 내놓았는데, 우승을 차지한 안은 우주복 가랑이에 일종의 출입구를 설치하고, 거기에 다양한 호스와 수거 통을 단 것이었어.

간략한 변기의 역사

오늘날 사람들이 사용하는 변기는 영국의 토머스 크래퍼가 만들었어. 하지만 사실 인류는 약 5000년 전부터 배설물을 따로 모으는 장치를 사용해 왔어. 최초의 변기는 하수도나 구덩이로 보내는 장치 위에 단순히 의자를 걸쳐 놓은 것이었어. 때로는 흐르는 물의 도움을 받아 배설물을 흘려보냈지. 이 설계는 수천 년 동안 사용되었는데, 지금도 오래된 성에서 이런 장치를 발견할 수 있어. 단순히 요강에다 용변을 본 뒤에 그것을 하수도나 밭에 뿌려 거름으로 쓰기도 했지.

수세식 변기가 처음 등장한 기록은 1596년으로 거슬러 올라가. 하지만 가정에서 일반적으로 사용될 정도로 대규모 생산이 시작된 것은 그로부터 약 300년 뒤야. 토머스 크래퍼가 등장한 시점이 바로 이때야. 크래퍼가 수세식 변기를 발명한 것은 아니지만, 오늘날의 변기에서 볼 수 있는 여러 가지 배관 요소를 설계했어.

세계 화장실의 날

11월 19일은 세계 화장실의 날이야. 이게 그렇게 기념할 만한 날인가 의아할 수 있어. 그런데 전 세계 인구 중 절반이 넘는 사람들이 아직도 비위생적인 환경에서 볼일을 본다는 걸 알고 있니? WHO(세계 보건 기구)에 따르면 전 세계 36억 명의 사람들이 제대로 된 화장실을 이용하지 못한다고 해. 그중 약 10억 명이 강이나 들판 같은 곳에서 노상 배변을 하지. 노상 배변을 하면 우리 몸이 해로운 병원체에 쉽게 노출될 뿐만 아니라 야생 동물에게 위협을 받을 수도 있어. 세계 화장실의 날은 전 세계 사람들이 이러한 현실을 인식하고 관심을 기울이라고 정한 기념일이야.

똥을 누기에 완벽한 자세

똥을 누는 자세에 대해 생각해 본 적 있니? 똥을 누기 위해 변기에 앉는 건 인류의 역사에서 얼마 되지 않은 일이야. 대부분의 시간 동안 우리는 좌변기에 걸터앉는 대신에 쪼그린 자세로 똥을 누었지. 오늘날 세상에는 옥좌 같은 세라믹 변기에서부터 쪼그리고 앉아야 하는 욕조 모양의 변기에 이르기까지 온갖 모양의 변기가 있지만, 사람들이 똥을 싸는 자세는 거의 변화가 없다는 게 참 신기해.

변기가 굉장한 발명품이라는 사실을 부인할 사람은 아무도 없을 거야. 그 덕분에 우리는 안전하고 청결하게 똥을 눌 수 있어. 배설물을 신속하게 하수구로 보내 우리 집과 이웃의 환경을 깨끗하게 유지할 수 있지. 하지만 똥을 누는 최선의 자세가 어떤 것인지, 똥을 잘 흘려보내려면 어

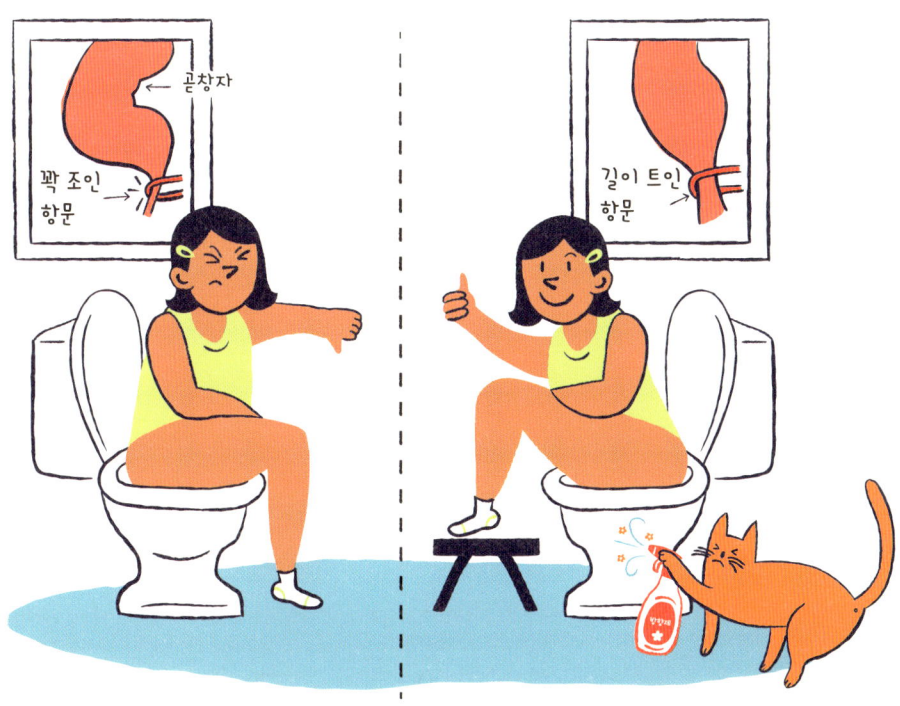

떤 형태의 변기가 좋은지 논쟁이 벌어지고 있어.

좌변기 위에 그냥 앉으면 똥이 내려오는 몸속의 관이 약간 구부러지게 돼. 반면에 쪼그리고 앉으면, 항문이 엉덩이 높이보다 낮아지면서 관의 마지막 부분이 똑바로 펴지게 되어 똥이 나오기가 훨씬 쉬워. 따라서 우리에게 익숙한 좌변기보다는 쪼그린 자세로 똥을 누는 화변기가 설계상으로는 더 나은 셈이야. 그렇다고 해서 굳이 좌변기를 떼어 내고 화변기로 교체할 필요는 없어. 좌변기에 앉을 때 무릎을 더 위로 높일 수 있는 의자나 물체를 사용하면 똥을 누기에 완벽한 자세를 취할 수 있어.

큰창자 **129**

스마트 변기

오줌과 똥에는 건강에 이상이 있는지를 알려 주는 단서가 많이 들어 있어. 건강 검진을 할 때 소변 검사나 대변 검사를 하는 이유지. 하지만 병원에 가서 대소변을 채취하고 검사하는 과정이 여간 귀찮은 게 아니야. 이 수고를 건너뛰고, 집에 있는 변기가 우리의 건강을 진단해 준다면 얼마나 좋을까? 이와 같은 고민 끝에 탄생한 게 스마트 변기야.

스마트 변기는 겉으로 보기에는 보통 변기처럼 보이지만, 온갖 종류의 센서가 설치돼 있어 건강에 관한 정보를 모을 수 있어. 이렇게 얻은 데이터를 인공 지능이 분석해 최선의 처방을 내놓지. 그 결과에 따라 우리는 병원이나 응급실로 가거나 아니면 프로바이오틱스 제품을 구입하러 슈퍼마켓으로 갈 수도 있어. 가까운 미래에 우리는 매년 건강 검진을 받으러 병원에 갈 필요 없이 매일 변기에 앉아 용무를 보면서 건강을 확인할 수 있을지도 몰라.

심지어 똥은 더 큰 규모의 질병과 맞서 싸우는 데 쓰일 수도 있어. 스마트 변기에 사용하는 것과 같은 종류의 센서를 하수 처리 시설에 설치하면, 의사들과 질병 관리청 담당자들이 지역 사회에서 배출된 모든 배설물을 분석할 수 있어. 위험한 병원체나 하수도에 있어서는 안 되는 물질을 빠르게 찾아낼 수 있지. 언젠가 이 방법으로 위험한 전염병을 더 빨리 확인해 급속한 확산을 막거나 지역 사회에 떠돌아다니는 위험한 화학 물질을 탐지할 수 있는 날이 올 거야.

7장 핵심 정리

- 큰창자는 꿈틀 운동을 통해 미즙을 이동시키고, 물을 흡수해 미즙을 똥으로 만든다.

- 안쪽 항문 조임근과 바깥쪽 항문 조임근이 똥을 내보내도 좋다는 신호를 보낼 때까지 똥은 곧창자에서 대기한다.

- 똥은 연료는 물론 식수로도 재활용될 수 있다!

마치며

자랑스러운 우리 몸의 소화계

우리의 소화 기관은 단순한 하나의 관이 아니야. 수많은 근육과 신경, 미생물의 결합으로 이루어진 거대한 체계로, 심지어 나름의 마음까지 가지고 있어. 소화 기관은 마치 마법사처럼 쿠키나 케이크, 핫도그를 특이한 것으로 바꾸지. 세포에 동력을 공급하는 에너지, 강한 몸을 만드는 단백질, 행동에 영향을 미치는 호르몬 등이 바로 그것이야. 소화 기관이 없으면 우리는 살아갈 수가 없어.

과학자들은 이제 막 이 특별한 소화계의 비밀을 밝혀내기 시작했어. 따라서 가까운 미래에 나는 우리의 소화 기관에 관한 최신 정보와 지식을 바탕으로 지금보다 훨씬 두꺼운 책을 써야 할 거야. 하지만 지금은 여러분이 이 특별한 소화 기관 여행을 즐기고 여기서 배운 것을 토대로 소화 기관을 잘 이해했으면 좋겠어. 다음에 배가 꾸르륵거리거나 방귀가 나오면, 왜 그런지 그 이유를 잘 알 테니 당황하거나 숨기지 말고 떳떳하게 밝히도록 하렴. 그것은 우리 몸의 놀라운 소화 기관이 제대로 돌아간다는 신호이니까.

용어 설명

가스트린: 음식물이 위에 들어올 때 위산의 분비를 촉진하는 호르몬.

곧창자: 큰창자의 끝부분. 직장이라고도 한다.

구역 반사: 어떤 물체가 인두를 자극하면 목 근육이 수축하면서 구역질이 나는 현상.

구취(입냄새): 입에서 나는 나쁜 냄새.

그렐린: 배고픔을 느끼게 하는 호르몬.

글루카곤: 간에 저장된 당분을 포도당으로 바꾸게 함으로써 혈당량 조절을 돕는 호르몬.

기관: 목부터 폐까지 연결된 관. 공기가 흐르는 관이다.

깨물근: 아래턱과 광대뼈를 연결하는 근육. 음식물을 씹을 때 턱을 닫게 한다.

꿈틀 운동(연동 운동): 근육의 수축과 이완을 통해 소화 기관 내에서 음식물이나 미즙을 이동시키는 운동.

내시경 검사: 소형 카메라를 몸속에 집어넣어 소화 기관 내부를 촬영하는 의료 절차.

대변 미생물총 이식: 건강한 사람의 대변을 소화 기관에 문제가 있는 사람에게 이식하는 과정.

돌창자: 작은창자를 이루는 세 부분 중 마지막 부분.

락테이스: 젖당을 분해하는 효소.

림프계: 림프가 흐르는 관들과 그

부속 기관들로 이루어진 계. 몸에서 독소와 노폐물을 제거하고, 작은창자에서 지방을 운반하는 일 등을 한다.

맛봉오리: 혀에서 맛을 느끼는 꽃봉오리 모양의 기관.

면역계: 감염 질환이나 그 밖의 위협으로부터 자신의 몸을 지키기 위해 작동하는 신체의 방어 체계.

물렁입천장(연구개): 입천장 뒤쪽의 연한 부분. 음식물이 코로 들어가는 것을 막는다.

미생물총: 창자 같은 특정 환경에서 살아가는 모든 세균과 미생물을 통틀어 이르는 말.

미즙: 일부 소화된 음식물과 위액이 섞인 혼합물. 위에서 만들어져 창자로 간다.

방귀학: 복부에 가스가 차는 질병과 방귀를 연구하는 분야.

빈창자: 작은창자를 이루는 세 부분 중 중간 부분.

빌리루빈: 똥에 특유의 색을 내는 색소 물질. 쓸개즙에 많이 들어 있다.

세균: 눈에 보이지 않을 정도로 아주 작은 단세포 생물.

식도: 목과 위를 잇는 근육질 관. 음식물은 식도를 지나 위로 들어간다.

십이지장: 작은창자를 이루는 세 부분 중 첫 부분.

쓸개즙: 간에서 만들어져 쓸개에 저장되는 액체. 초록색과 갈색을 띤 쓸개즙은 지방의 소화를 돕는다.

아미노산: 단백질의 기본 구성 요소가 되는 화합물.

역꿈틀 운동: 꿈틀 운동이 반대 방향으로 일어나는 현상. 소화 기관의 내용물을 위쪽으로 밀어 보

낸다.

염산: 위에서 분비되어 소화를 돕는 강한 산성 물질.

위산: 위액에서 분비되는 산성 혼합물. 염산이 주성분이다.

유화: 큰 지방 분자가 작은 지방 분자로 분해되는 과정.

융털: 작은창자 벽에 돋아 있는 손가락 모양의 돌기. 융털은 작은창자의 표면적을 크게 늘려 소화를 돕는다.

인두: 코와 식도에 붙어 있는 깔때기 모양의 기관.

인슐린: 간에 여분의 포도당을 저장하게 함으로써 혈당량 조절을 돕는 호르몬.

자당: 식물에 들어 있는 이당류 중 하나. 요리에 흔히 사용되는 설탕을 말한다.

작은창자: 위 다음에 이어지는 소화 기관. 음식물의 영양분 중 대부분이 이곳에서 몸속으로 흡수된다.

점액: 기관 내벽의 윤활과 보호를 위해 몸에서 분비되는 끈끈한 액체.

조임근: 식도나 창자 같은 기관을 여닫는 고리 모양의 근육.

창자 신경계: 소화계의 기관과 근육을 제어하는 신경계.

창자벽세포: 큰창자 내벽에 안쪽으로 움푹 들어간 부분들.

침: 입속의 침샘에서 분비되는 무색의 소화액. 음식물 속 녹말을 분해해 소화를 돕는다.

큰창자: 창자의 마지막 부분. 이곳에서 똥이 만들어진다.

탄산수소 나트륨: 산을 중화하는 성질이 있는 화합물.

탄수화물: 수소와 산소, 탄소로 이루어진 화합물.

태변: 아기가 처음 누는 똥.

파이어판: 작은창자 벽에 림프 소절이 모여 있는 장소. 이곳 세포들은 면역 기능을 담당한다.

프로바이오틱스: 살아 있는 장내 세균이 들어 있는 식품이나 약.

프리바이오틱스: 이로운 장내 세균의 성장을 돕는 식품.

항생제: 세균 감염을 치료하는 데 쓰이는 의약품.

호르몬: 내분비샘에서 분비되어 몸속 기관에 화학적 메시지를 전하고 조직의 작용을 촉진하거나 억제하는 화학 물질.

효소: 생물의 몸속에서 일어나는 화학 반응을 촉진하는 물질.

후두덮개: 후두 어귀를 덮고 있는 뚜껑 모양의 구조. 음식물이 식도 대신에 기관으로 들어가지 않게 막는 기능을 한다.

찾아보기

이 책에는 소화 기관과 소화 과정에 관한 많은 정보가 담겨 있어. 하지만 그것 말고도 아주 흥미로운 사실과 주제도 많이 포함돼 있어! 찾아보기는 관심이 있는 정보가 몇 쪽에 있는지 알려 줘서 그 정보를 빨리 찾는 데 도움을 주지.

찾아보기를 잘 활용하려면, '위'나 '똥' 같은 핵심 단어를 찾아봐. 찾아보기는 가나다순으로 배열돼 있어. 바로 옆에 그 단어가 나오는 쪽수도 적혀 있으니 그 페이지를 찾아가면 돼. 숫자가 이어진 부분도 있어. 예컨대 6-7은 그 정보가 6쪽과 7쪽에 실려 있다는 뜻이야.

가끔 한 핵심 단어가 생각났지만, 원하는 정보가 그곳이 아닌 다른 항목에 있을 수 있어. 그런 경우에는 ☞로 표시된 항목을 찾아봐(토하기 ☞ 구토). 다른 항목에 더 많은 정보가 있는 경우에도 ☞로 표시했어 (위 ☞ 위산). 아니면 그냥 찾아보기를 한번 죽 훑어봐도 재밌을 거야. 그러다가 '칼을 삼키는 곡예사'처럼 흥미진진한 항목을 발견할 수도 있으니까 말이야.

ㄱ

가로막 60
    딸꾹질과 가로막 66
    똥을 눌 때 가로막의 역할 118-19
가스 63, 64, 81, 89, 120-21, 124
    방귀 61, 118, 120-21
    트림 63, 64, 67
가슴 쓰림 34
간 8, 84, 86, 91, 115
곧창자 8, 42, 117-18, 131
    조임근의 작용 방식 35, 117, 131
구역 반사 37-8
구토 58-61, 62, 67
기관 26, 29
깨물근 20
꿈틀 운동 32-3, 39, 73, 90
    큰창자의 꿈틀 운동 114

ㄴ

NASA 124, 126-27
    우주 똥 챌린지 127
내시경 검사 38
뇌 22, 24, 44, 50-1, 102, 118

ㄷ

단백질 82, 87, 89
    마이오신 82
    수송 단백질 77
    콜라겐 82
당류 76-7, 86 → 탄수화물
    과당 76, 78
    자당 78
    젖당 80-1
    포도당 76, 78, 86
대변 미생물총 이식 104-05, 109
    대변 은행 104-05
    생쥐 실험 103
    안전성 105
돌창자 71, 73-5, 91
    파이어판 75
딸꾹질 65-6, 67
똥 9, 94, 102-05, 112, 114-19, 122-23, 124-25, 128-29, 130, 131
    건강 상태를 알 수 있는 똥 130
    냄새 116-17
    대변 이식(대변 미생물총 이식) 102-05
    동물들이 똥을 누는 방식 123
    똥의 색 115-16
    모양 122-23
    보관과 내보내기 35, 117-19,

128-29, 131

세균 94-5, 116

여러 가지 용도 124-25, 131

우주 비행사가 똥을 누는 방식 126-27

태변 116

한 번 누는 똥의 양 9, 112

ㄹ

레이우엔훅, 안톤 판 19

림프계 82-3, 91

림프 83, 89

림프관 82-3

ㅁ

막창자꼬리 8, 113

멀미 61, 62, 67

면역계 10, 71, 89-90, 95, 99-100, 109

물렁입천장(연구개) 24, 29

미생물총 94-109, 112, 113

미생물 다양성의 중요성 98-100

미생물총을 보호하는 방법 106-07

사람마다 독특한 미생물총 96-7, 109

미즙 54, 55, 70, 72-3, 82, 90, 112, 115, 116, 131

ㅂ

바이러스 67, 75, 101

바이오 가스 124-25

방귀 118, 120-21

고창 120

배고픔 호르몬 51, 52 ☞ 그렐린

변기 127, 128, 130

똥을 누기에 완벽한 자세 128-29

변기의 역사 127

세계 화장실의 날 128

스마트 변기 130

보몬트, 윌리엄 47

복강병 90

비누(작용 방식) 84-5

비타민 84, 94-5

빈창자 8, 71, 73, 91

영양분 흡수 73

빌리루빈 115

ㅅ

삼키기 24-7, 29

흡인(사레) 26-7, 29

후두덮개가 하는 일 26-7, 29

생 마르탱, 알렉시 47

설사 81, 101, 103, 123
    원인 81, 101, 103

성대 63, 66, 67

세균 10-1, 15-9, 29, 48, 55, 75, 94-109
    비피도박테리움 102
    생쥐 실험 95-6
    세균이 하는 일 10, 17, 18, 19, 29, 94-107, 108, 109, 112
    젖산균 98, 102, 106
    이로운 세균 17, 19, 29, 94, 97, 100, 106-07, 112
    클로스트리디움 디피실레 103, 105, 107
    해로운 세균 17, 48, 61, 75, 101

소화
    영양분이 흡수되는 방식 10, 73
    위에서 일어나는 일 42-3, 46-7, 51, 54, 55
    입에서 일어나는 일 14-22, 29
    작은창자에서 일어나는 일 70-3, 76-7, 82-3
    큰창자에서 일어나는 일 112, 115-16, 131
    호르몬이 하는 일 50-1, 53, 86, 102
    효소가 하는 일 15-6, 19, 29

소화 기관
    뇌와 소화 기관 27, 44, 50-1, 55, 102, 118
    소화 기관을 연구하기 위한 실험 33, 38, 47, 95, 102-03
    소화 기관의 성장 9-10, 71, 100
    소화 기관이 질병으로부터 우리를 보호하는 방법 10, 75, 97, 98-9, 109

식도 8, 26-7, 29, 32-8, 39
    조임근의 작용 방식 34-5

식중독 61

신경
    미주 신경 50
    삼차 신경 28
    입에서 뇌로 연결된 신경 22
    턱 근육을 조절하는 신경 20

십이지장 8, 35, 42, 44, 70, 73, 86, 91
    소화를 돕는 방식 73

쓸개 8, 84

쓸개즙 35, 84-5, 91, 115
    쓸개즙산 84-5

ㅇ

아미노산 82, 87
    트립토판 87

아이스크림 두통 28

알레르기 89, 99
    젖당 80-1

역꿈틀 운동 60, 67

염산 48-9, 55

영양분 71-3, 76-7, 78-9, 80-1, 82-3

    몸에 흡수되는 방식 71-2, 73-5, 78-9, 91

오디, 루제로 35

위 42-55 ☞ 위산

    구토 58-61, 62

    꾸르륵거리는 소리 51-2

    배 속의 나비 53

    위와 뇌의 관계 44-5

    위 근육이 하는 일 51-2

    위에 들어갈 수 있는 음식물의 양 44

    위치와 모양 42-3

    음식물과 액체를 소화하는 방법 54

    트림 63, 64, 67

위산 48-9, 50

    탄산수소 나트륨 48-9, 55, 73

융털 71-3, 77, 91

    미세 융털 72

음식물(식품) 16, 52-3, 78-9, 80-1, 105-7

    가스를 많이 만드는 식품 120

    글루텐 89-90

    단백질 82, 87, 89

    당류 76-7, 78-9, 86

    디저트를 위한 위 52

    섬유질 79, 99, 105-6, 107, 115, 118

    식곤증 87

    우유 80-1, 89, 98, 101, 102

    지방 16, 82-3, 84-5, 91

    탄수화물 54, 76, 78-9, 86, 91

이(치아) 21

    사기질 21

    종류 21

이자(췌장) 8, 73, 83, 86, 91

    위치와 하는 일 86

인두 24, 63, 66

입 14-29

    음식물 소화를 돕는 방식 14-22, 29

    입속의 세균이 하는 일 17, 19

    침이 만들어지는 과정 16

입냄새(구취) 18

ㅈ

자가 면역 질환 99

작은창자 70-75, 89, 90, 91

    돌창자 71, 73-5, 91

    빈창자 8, 71, 73, 91

    스스로 청소하는 작은창자 90, 91

    십이지장 8, 35, 42, 44, 70, 73, 86, 91

융털 71-3, 77, 82, 91

　　작은창자와 알레르기 89

잘록창자 114, 117 ☞ 큰창자

점액 48, 54, 55, 90, 114-15, 116

　　위를 보호하는 점액 48, 55

젖 80-1, 99

　　락테이스 80-1

젖당 못 견딤증 80-1

조임근 34-5, 37, 39, 60, 63, 86, 117, 120, 131

　　날문 조임근 35, 43, 70

　　돌막창자 조임근 35

　　오디 조임근 35, 86

　　항문 조임근 35, 117, 120, 131

지방 16, 82-3, 84-5, 91

　　소화되는 방식 82-3, 84-5

　　유화 85

ㅊ

창자 신경계(두 번째 뇌) 27, 29, 32, 37, 44, 50, 55

천식 10, 99

침 15-6, 22, 29, 60

　　구성 성분 15

　　만들어지는 방법 16

　　효소 15, 16

ㅋ

칼을 삼키는 곡예사 37-8

쿠스마울, 아돌프 38

크래퍼, 토머스 127

큰창자 8, 35, 42, 112-18 ☞ 꿈틀 운동

　　똥을 건조시키는 과정 114

　　영양분 흡수 112

　　창자벽세포 112-13, 114-15

　　크기 114

ㅌ

탄산수소 나트륨 48-9, 55, 73

탄수화물 54, 76, 78-9, 86, 91

　　녹말 16, 19, 79

　　단순 탄수화물 76, 78-9

　　복합 탄수화물 76, 78-9

　　소화 과정 76-7, 86, 94

토하기 58-61, 62 ☞ 구토

트림 63, 64, 67

　　가장 소리가 컸던 트림 63-4

　　우주 트림 64

　　트림은 어떻게 생겨날까 63

ㅍ

펩타이드 82

프로바이오틱스 106-07, 109, 118, 130

프리바이오틱스 106-07, 109

락테이스 80-1

아밀레이스 16

효소가 하는 일 15-6, 29, 71, 76, 82, 86

후두덮개 26, 29

ㅎ

항생제 100, 103, 106-07, 108

    항생제의 위험성 108

혀 22, 23

    움직이는 방식 22

    절대 미각 23

    혀 유두와 맛봉오리가 하는 일 22, 23

혈관과 혈액 16, 72, 77, 82-3, 86, 87

혈당량 86

호르몬 48, 50-1, 52, 53, 55, 70, 84, 86, 102

    가스트린 50-1

    그렐린 51, 52

    글루카곤 86

    아드레날린 53

    인슐린 86

    코르티솔 102

효소(소화 효소) 15-6, 29, 35, 48, 71, 80-1, 83-6, 91

    리페이스 16